CHRONOS

Juana Lima

La otra historia de Malkú y la guerra de los mundos

europa
ediciones

© 2026 **Europa Ediciones** | Madrid

www.grupoeditorialeuropa.es

ISBN 9791256961788

I edición: febrero del 2026

Curador: Rode Classen

Distribuidor para las librerías: **CAL Málaga S.L.**

Impreso para Italia por *Rotomail Italia S.p.A. - Vignate (MI)*

Stampato in Italia presso *Rotomail Italia S.p.A. - Vignate (MI)*

La otra historia de Malkú
y la guerra de los mundos

A mi amado hijo.

A mi familia pasada, presente y futura.
Para Ángel y su futuro hijo, a mis sobrinos a sus hi-
jos y a los hijos de mi hijo, mi más grande inspiración

Índice

Prefacio

Un hombre muy joven es asesinado por quien, en aquel lejano lugar, era su único amigo.

Llegó junto a él en un avión hasta la enorme selva. Era la primera vez que Malkú volaba y el viaje sería muy temprano, por eso fue hasta su casa para recogerlo.

Cuando se despidió de su madre, él lo acompañaba. Ese chico fue testigo de sus lágrimas, de sus ruegos para que no se marchara. Su madre lo presentía y así fue: ese día lo tuvo en sus brazos por última vez.

Después de haber presenciado esa escena, y de haber visto la desesperación de su madre por no perder a su hijo, le quitó la vida con frialdad.

En ese momento eran dos chicos llenos de sueños por cumplir. Quizás en ese momento no sabía lo que pasaría, y fueron las circunstancias —aunque predecibles al sentido común—, lo que desencadenaría ese trágico final para una amistad, que era complicidad e inocencia a la vez.

Ambos confiaban en sus jefes, mafiosos cobardes que los usaban como carnada en estanque de pirañas.

¿Cómo pudo olvidar después que era su amigo, y que él también tenía una madre, una familia que lo esperaba?

Que juntos habían subido a ese avión llenos de sueños de grandeza prometida.

La misión era desaparecerlo, como a uno entre miles, pues no podían saber que era el elegido, el más amado, no solo en la tierra, sino hasta en los absolutos confines de los universos.

En la tierra quedará en los recuerdos y en el corazón de quienes vivieron junto a él, pero ahora no tiene otra opción que dar un paso hacia otra forma, y así continuar una gran aventura: la verdadera historia de Malkú.

Después de su muerte en la tierra, ya no le es permitido regresar. Tampoco es aceptado en el cielo ni en el infierno, sino que es condenado a quedarse en los mundos de forma consciente, ciego en la oscuridad absoluta, hasta que pueda saber con seguridad a qué lado pertenece: al bien o al mal.

Descubrir que es hijo directo de la Madre de los Mundos —es más, su hijo favorito— le permitirá tener dos guías que le enseñarán a viajar en el universo visible y no visible, una oportunidad más serán otros personajes que encontrará a lo largo de la historia y que harán que Malkú vaya descubriendo su verdadero yo y pueda escapar de la oscuridad o hundirse en ella para siempre.

Ahora vivirá acompañado de un Dios y un fantasma. Cada uno tiene una misión: uno desea entregarlo al vacío del lado oscuro por medio del mal, al sacar de dentro de Malkú el lado maligno que posee; el otro quiere conseguir su salvación y dárselo a la madre de los mundos por medio de su perfección, al redescubrir su lado justo, sin errores, ni falencias.

En esa travesía, Malkú se conocerá a sí mismo y descubrirá que posee una serie de poderes propios de un Dios, lo que lo llevaría a su posible estado más puro.

Malkú pasará años viviendo, si es que así se le puede decir, una serie de obstáculos que descubrirán en él un ser superior.

Los obstáculos para alcanzar la perfección serán los enemigos que encontrará en los muchos viajes entre mundos y dimensiones. El poder de estos seres será alimentado por su propia energía de angustia y dolor o ira, heredada y no superada a través de sus anteriores oportunidades de vida.

Descubrir su peor pecado en vidas anteriores o lo que los haya llevado a su condena y lo que los lleva a ese eterno estado de angustia y sufrimiento, además, de encontrar la energía apropiada para combatir... esta será la base del aprendizaje de Malkú y sus amigos.

Y, así, mientras de un lado de los mundos Malkú vivirá aventuras fantásticas propias de un dios, del otro lado, en esta dimensión, la familia de Malkú pasará por todas las etapas que sobrevienen a la peor y la más cruel de las formas de violencia: la desaparición forzada.

13

Capítulo 1

La muerte de Malkú

12-6-2012

Bajo las aguas cristalinas se ve el gran danés blanco, yace en el fondo inerte; sus patas largas y el blanco reluciente reflejan su belleza y tamaño. Hace frío.

Las ondas suaves de agua calmada y la bruma del alba son testigo de cómo termina una vida y nacen una serie de historias de amor, dolor y descubrimiento.

Mientras, no lejos, se aleja su verdugo. El perro negro sale despacio del agua, ensimismado, después de haber ejecutado lo que a partir de este momento y hasta el final de su vida lo llevaría a ser perseguido por el tormento de la culpa y la desesperación.

Muy cerca están las dos arpías que han sido usadas como carnada observando la escena; aquella que con mirada coqueta y corto cabello lo atrajera hasta la mortal trampa ahora lo mira fríamente, como acostumbrada ella a ser instrumento de muerte.

Al mismo tiempo, en el mundo visible, en la Tierra, el 12 de junio de 2012 sucede una escena más de tantas donde se consagran las energías de la muerte y la vida. Un hombre mata a otro sin motivo propio, más que prolongar su propio juicio; el de sus equivocaciones. Un amigo mata a otro por los intereses vanos del mundo de ambición.

Todo esto sucede en la selva más grande, en la esfera azul llamada tierra, lejos muy lejos, pero cerca al canal del pescador, donde los sonidos de la espesa naturaleza no permiten oír los gritos de horror de una guerra interminable que se disputa allí, hasta donde son enviados los soldados de la muerte para que entre ellos terminen sus destinos y con ellos lo que hay en su memoria, una memoria no conveniente.

Su madre en la tierra siente en el corazón una punzada, lo sabe, ha llegado la hora; su hijo del alma y del corazón se ha ido y esta vez para siempre.

Lo ve como una alucinación y lo escucha: pisadas sobre hojas secas, algo quiere salir de la selva entre la pared de hojas oscuras, así lo ve y escucha por un segundo. Todo esto mientras está en su sala viendo televisión a más de mil kilómetros de distancia.

Y ahora se suspenderá la vida mientras esperará a su niño bueno, de piernas largas, cabello rubio y mirada coqueta y profunda, siempre feliz.

Ahora Malkú es separado de la tierra, ya no debe ser carne, pero aun así, conserva la apariencia de humano.

Las sombras quieren apoderarse de él, lo recuerda, de niño también pasaba, cuando en pesadillas y aún después despierto era perseguido por monstruos que solo él podía ver.

"Allí está, allí", gritaba aterrorizado y señalaba la nada con esos pequeñísimos deditos, desde los barrotes de su cuna blanca. Su madre y su tía lo calmaban, o eso creían, y le decían que no existían, que solo se trataba de un mal sueño. No podían saber, en ese momento, que era cierto, que allí estaban, pero no podían verlos. Los humanos tienen la manía de no creer en lo que no ven sus ojos. Es por eso que son ciegos dos veces, de los ojos y del alma.

Exhausto cae rendido a su destino. Corre sin descanso tratando de encontrar ayuda, grita sin ser escuchado, lo detiene una espesa pared de hierba, es el momento en que su madre lo ve. Malkú siente que cae, todo es oscuro, el vacío; ahora luz, una luz cegadora en el horizonte que lo atrae con una fuerza descomunal, llega al fondo sin estrellarse aunque va a toda velocidad, se encuentra ante una puerta gigantesca, sobre nubes, pero al lado del abismo profundo, casi sin espacio para sostenerse de pie entre los dos lugares del destino final, cielo y abismo, aferrado al lado de la puerta lleno de terror y sin atreverse a mirar hacia abajo, donde el viento ruge como animal furioso que quiere arrancarlo a toda costa de allí.

Sin tiempo siquiera de tocar la gran puerta se abre, Malkú es succionado desde adentro y cae con fuerza sobre el suelo. Allí todo es calma y silencio. Es recibido por un ángel con figura humana que, al igual que Malkú se ve muy pequeño al lado de la opulenta entrada. Con grandes alas plateadas tan brillantes casi como la luz que sale de ese lugar, cabello de rizos rubios, ojos almendrados que parecen preguntar y esconder el ímpetu de aquel muchacho de alas enormes.

El ángel lo mira bien, en silencio; en su mirada hay amor. Pero al observarlo bien puede ver el torrente de sangre que Malkú ha tratado de detener con sus manos, pero que lo ha bañado desde su abdomen hasta sus pies, manchando el blanco y aterciopelado suelo. Entonces su mirada cambia, ahora sus ojos muestran desconsuelo y un profundo pesar hasta que algunas lágrimas comienzan a brotar de sus ojos.

Solloza y, cuando toma fuerza, le grita:

—¿Otra vez? Malkú, debería darte vergüenza, esto no está bien. Una y otra vez te equivocas, de nuevo los has herido, de nuevo nos traicionas.

Se da la vuelta y lo deja allí solo, lo arroja otra vez hasta la salida en la puerta, al borde del abismo oscuro y profundo. Le cierra en su cara la pesada puerta.

Esta es una estrella gobernada por la madre de los mundos, mundos que son en realidad uno solo, pero compuesto por dos partes: lo visible y lo no visible.

Ella es el todopoderoso y creadora de cuanto existe. Viste una capa color azul que protege a los demás de su resplandor, el cual es imposible de mirar.

Ahora el ángel le habla a la madre de los mundos. Ella se mantiene de espaldas, mantiene su rostro bajo el gorro de su capa para no mostrarlo.

—Madre, ¿puede pasar? Trae consigo el mal; sufrimiento, amargura y dolor lo están devorando —hace una pausa y continúa—. Madre, sé por tus lágrimas que aún lo amas. ¿Le darás otra oportunidad? Dime, madre, ¿qué harás con él? —le dice, suplicante.

La madre, en silencio, deja caer una lágrima que parece una gota de vidrio fundido a la más extrema de las temperaturas y posee un brillo absoluto de la máxima magnitud de una estrella. El lugar cambia de color, ahora es gris y una sombra oscura trata de apagar su luz, pero el resplandor de la madre lo impide en una suave danza entre bien y mal.

Madre, acostumbrada, permite esta lucha. Sabe que aún no le ganará el mal, porque ella misma es él: ella es todo.

—Déjalo encarnar de nuevo, madre, que se purifique y regrese o lo van a devorar y así nunca volverá a ser tuyo. Por favor, devuélveselos —implora mientras llora.

—Cuando me asesinaron a mí, por lo menos vieron mis heridas, tocaron mi cuerpo inerte y me sepultaron, pero a Malkú no lo encontrarán nunca, los condenarás por una culpa que no es suya, sino tuya.

Y, de pronto, la única voz con la mágica cualidad de ser suave y a la vez fuerte como agua de cascada al caer, como aguacero que se aleja lentamente, se pronuncia.

—No es tan fácil, Tico, hijo, con él no lo es. No te has dado cuenta de que, mientras más oportunidades tiene es peor, no logra hallar las verdaderas formas de la perfección para llegar a felicidad, siempre encuentra algo que lo bloquea y no ha aprendido a derrotarlo. Allí debía llegar a viejo y sabio, no cometer tantos errores. Esta vez lo hice tan perfecto aun siendo humano, demasiada belleza en un mundo de seres superficiales que no saben amar. Traté de protegerlo, pero su padre allí tiene demasiado poder. Le hizo mal. Es inútil. Su parte oscura lo llama, solo él mismo podrá derrotarlo. Si permito este ciclo interminable que siempre lo lleva a retroceder seguirá sufriendo y lo perderé definitivamente.

Deja caer otra lágrima y la sombra oscura casi la cubre, pero ella se aleja descubriendo su capa y deja así a la oscuridad atrás.

Ahora reacciona con más seguridad, tico queda atrás en el suelo llorando, con un dolor que oprime su pecho.

Silencio.

—Déjalo caer, esta vez no haré nada.

Ahora su voz suena como volcán en erupción. Esta vez refleja la frustración, el fracaso, el fuego que sale con violencia y dolor.

—Pero sabes que de allí no regresará jamás y, es tuyo. Bueno, también de él... Y descargará toda su rabia y frustración en el muchacho. Esta oportunidad no la desperdiciará, por favor no lo hagas, es poner en peligro todo lo que tú, gran Madre, has logrado en la guerra de los mundos. Madre, sabes que no tendrá compasión.

El ángel cae de nuevo, suplicante.

—Ya dije lo que tienes que hacer, tico.

Esta vez habla de forma fría y cortante como sonido de trueno que penetra, estremece y deja de ser, dejando eco.

Se aleja.

El ángel encuentra a Malkú en un rincón llorando de miedo mientras trata de no resbalar.

—No puedo hacer nada, esto me duele tanto como a ti, yo también lo siento y lo viví en la esfera azul donde a veces no es fácil vivir. Yo quise que el mundo fuera distinto, menos miserable, menos injusto para algunos y solo conseguí ser perseguido como animal rabioso. Yo también permití que los hirieran, por eso preferiría perder mis alas antes que hacerte daño.

Tico da un grito de dolor.

—Ella lo manda —dice, y lo empuja con violencia.

Malkú cae.

Por un largo tiempo, Malkú sigue cayendo sin parar, sin poder frenar la caída ni tocar fondo. Del pánico absoluto pasa al delirio, a la inconsciencia, ha perdido la noción del tiempo que lleva allí en caída libre. Se siente flotar, ha perdido la noción de caer. El tiempo se detiene hasta que, de repente, siente un duro golpe. Llega al final del pozo oscuro; el lodo mal oliente, podrido, fétido, lo recibe atrapándolo. Malkú, cansado, deja de luchar y decide dejarse ahogar, como si se pudiera morir dos veces, pero no se puede. No importa que sienta explotar sus pulmones, ni su garganta y boca llenas de fango viscoso y ácido, no muere, sigue consciente bajo un dolor insoportable.

Mundo del oscuro. Grutas y cavernas de donde salen lamentos de todo tipo.

Llanto, gritos desgarradores, gemidos, pedidos de ayuda en todos los géneros, edades y formas de vida posibles e imposibles sometidos a los peores tormentos son escuchados por Malkú.

—Mira, mira, mira lo que me han regalado, yo gustoso te recibo —le dice un demonio de apariencia grande, mucho más que Malkú. Mientras lo sacaba del foso casi inconsciente, su delgada y transparente piel dejaban ver sus vísceras luminosas que rugían de hambre dentro de un abultado abdomen. Se veía casi como una gran rata blanca, pero sin pelo ni cola y sin orejas, casi ciego, de ojos diminutos, erguido en sus patas traseras mientras lo lamía, olía y babeaba Malkú aterrado, pasmado, a la vez tembloroso.

—Miedo, tengo miedo. ¡Ayuda! Perdóname, mamá, perdón. Ayuda, por favor —murmura cansado, delirando, mientras aprieta sus ojos para no ver.

—Hace tanto tiempo te esperaba, casi infinito… Hay algo en tu ser que me atrae. Tienes un olor como a todo lo que quiero y por todo lo que mataría, hasta a mi señor —le dice con cautela, tratando de no ser escuchado, pero con ansias—. Desde tus primeras pobres y cortas formas de vida te he seguido, esperando, esperando —continúa, mientras babea y da vueltas a su alrededor, acechando—. Pero eres un fracaso, no sé cómo conservaste siempre cierta suerte a la hora de cambiar forma. Ella debió

21

conservarte como un gusano; sí, como el más pequeño e insignificante de los gusanos, no llenarte de privilegios que no merecías. No sirves para nada, solo eres fango, con esos aterrorizados ojos, igual que ayer. No has cambiado, todavía eres un llorón insignificante. Si no fuera por ese extraño olor que me hace seguirte, hummm, qué rico, por fin —le dice, acercándose—.

—¡Mírame! —le grita—. ¿No me reconoces? ¿Te acuerdas que en tu cunita, tan pequeño, yo te seguía? Quería comerte, llorón. En ese entonces estaban esas odiosas que te cuidaban, pero ahora estás solo, llegaste solito a mí. Quién lo diría, ya ves, no tuve que esperar mucho. Pero ahora nada te salvará.

Abre su gran boca sobre Malkú y lo baña en baba viscosa y mal oliente. Cuando está a punto de comerlo, se escucha un grito ensordecedor, babeante y con gran viento.

—¡¡Déjalo!!

El abismo es gobernado por Lam, un diablo obeso, gigante, oscuro y colérico, de color rojo sangre miseria. Está lleno de angustia, lo que lo mantiene siempre en un estado de enfermedad y constante malestar.

Se acerca lentamente con dificultad arrastrando parte de su humanidad. Es pesado y le duele arrastrar su propio cuerpo.

—Maldita madre, qué trama, no me siento bien y menos para atender asuntos que no son míos —dice Lam y gruñe.

—¿A qué te refieres, amo?

—Lo que faltaba, ya tengo demasiados problemas con esa basura que llega todos los días y que no sirve para nada. Busco y busco dentro de ellos el sabor de la maldad y no la encuentro, es como si algo les hubiese comido antes de llegar aquí y solo me arrojara carcasas. Si no fuera porque la gran madre es tontamente perfecta, creería que me engaña tomando de ellos el brillo y enviándome sacos vacíos. Pero no, es imposible, porque a los contaminados ella ni siquiera los recibe. Entonces, ¿a qué hora se vuelven así de insípidos, a qué hora?

Comienza a llorar, desconsolado. Con la voz desgarrada, continúa:

—¿Acaso en los malditos mundos ahora habitan zombis vacíos? ¿Dónde han perdido sus almas? —grita angustiado, llevando sus manos hasta su rostro—. Cuánto extraño esas energías mezquinas, inteligentes y oscuras... Daba gusto comerlas de a poco, saboreando toda esa fuerza maligna que de verdad saciaba. Ahora solo son basura. Ni siquiera valen mi esfuerzo por tragarlos. Qué asco siento todo el tiempo, quisiera vomitarlos, me envenenan. Estoy harto.

Grita muy fuerte transformando aún más su rostro. Y en ese instante una sombra alada se posa detrás de Lam. Malkú no puede ver qué es lo que se asoma, pero la fuerza que transmite es intimidante.

Malkú retrocede un poco, ya que ni siquiera es Lam quien lo atemoriza de tal manera. La fuerza que despide esa criatura que acaba de llegar lo inmoviliza. Mientras tanto, Lam no deja de quejarse y sin mirar a su nueva acompañante continúa.

—Los mejores no mueren, ahora sobrepasan tantos años... Esos deliciosos se cuidan de la muerte, obtienen mucho poder y se quedan prolongando su disfrute, creen que alargando su enfermiza existencia no llegarán a mí, pobres idiotas tiranos, no importa si son 20, 100 o 500 años, finalmente a mí vendrán. Pero mientras tanto mantienen una guerra interminable para saciar su incontrolable ambición de la que me envían imbéciles iguales o peores que este.

Lleno de ira, de un manotazo lanza a Malkú contra una pared de lodo estropeándolo aún más.

—La madre los aborrece. Ya tendrás qué comer —le dice al demonio—. Si supieras cómo sabe la verdadera maldad. Ah, ¡tiempos aquellos! Pero ya vendrán… Hay un par que pronto llegan ya los siento, hummm, me huele muy bien. Algo se acerca, lo siento.

Cambia por un instante su gesto de angustia por uno de ilusión mezclada con ansiedad.

—Su olor a muerte y a líquidos putrefactos me lo dicen. Pero ¿sabes qué es lo mejor, donde está la delicia al comerlos?

—No, amo —dice y se acerca a poco a Lam, sonriente pero temeroso.

—En el miedo, el absoluto terror que sienten al ver su vida terminada y conocer su verdadero destino, a mayor nivel de maldad mayor es la cobardía. Ese jugoso terror que sienten es lo que los hace verdaderamente deliciosos, el pánico que sienten es dulce manjar para mí.

—Y este déjalo para mí, amo, siempre lo he seguido, yo sabía que era mío. Déjamelo, quiero comerlo yo.

—Idiota —grita y le da una bofetada violenta que le desfigura el rostro—. ¿Acaso no lo ves? Míralo bien.

—No veo nada, señor, pero ese olor… uhmmm —aspira.

Y como perro sumiso se muestra ante quien lo alimenta después de patearlo.

—Jajajaja, este infeliz no es lo que crees, es más, mucho más.

El demonio está intrigado y confuso.

Malkú arrepentido recuerda porque está allí, aún no deja sus emociones terrenales, para él es como si no hubiera pasado nada, le parece estar teniendo alucinaciones. Se siente fuera de sí mismo como le ha pasado en noches interminables de licor o cuando tuvo alguna pesadilla y no lograba despertar.

Adorado por su familia, niño mimado, hermoso, engreído, travieso, soñaba con ser el más grande que existió y con mucho poder, soñaba, como todos los jóvenes de su estrato, con riqueza para él y su familia, pero se equivocó en el camino que eligió.

Desde niño disfrutaba hacer armas con lo que fuera.

"Tas, tas, tas", siempre decía mientras disparaba con sus armas improvisadas.

En el jardín de los abuelos era común escucharlo disparando a enemigos imaginarios o ver a su abuelo furioso buscando su herramienta con la que Malkú hacía armas de juguete. Armas, siempre armas. Las construía con esmero, pero luego, cuando se alejaba de la realidad y viajaba a esos mundos de fantasía, olvidaba devolver los martillos o clavos.

Una vez lanzó un pollito contra la pared y lo mató. Tenía cinco años. Fue corregido y no volvió a mostrar esa parte de sí. Hasta que se hizo joven todo fue normal para un joven de ciudad, entre chicas, moda, fiestas y licor.

Pero un día le creyó falsas promesas a un hombre que le aseguraba que a su lado tendría riqueza, poder y estatus. Por un tiempo, le dejó saborear un triunfo efímero, pero luego fue llevado y entrenado en una montaña sobre el Libertador, por un ejército de paramilitares quienes le enseñaron el abominable arte de la guerra como la veía en las películas. Solo que ahora ya no es espectador sino el protagonista.

Aprendió a asesinar a ladrones y drogadictos y a quien se interpusiera por el poder de sus jefes; ellos necesitaban que se sembrara el terror y para él era fácil ocuparse de extraños, pero fue difícil cuando tuvo que quitarles la vida a sus propios amigos, en una guerra sin fin entre ellos mismos; porque ahora ha tomado parte de un bando donde tienen enemigos en común, pero a la vez son entre ellos mismos, enemigos.

Una vez tuvo que matar a un chico que lo acompañaba por haber hecho mal un "trabajo". Fue la única vez que vomitó después de haberlo hecho.

Nunca pudo borrar de sus recuerdos las últimas palabras del muchacho. Quizás presintió su propio destino en ese instante. "Dile a mamá, por favor, que sepa qué pasó, por favor. Yo soy lo único que tiene", resonaba en su mente.

El muchacho no luchó por su vida, en ese maldito mundo hasta el instinto de supervivencia se pierde. Lloró y aceptó su destino, pero no pudo evitar que le doliera profundamente lo que ese silencio eterno provocaría en su mamá. El dolor absoluto que sintió en ese momento debe ser igual a cuando se corta el cordón umbilical.

Sonido de disparo. Silencio.

Mientras Lam y el demonio siguen discutiendo qué harán con Malkú, él reacciona y recuerda a su madre, a su hermana y sus días de niño feliz. A sus abuelos y a su familia. Rememora las palabras de Lin quien, al despedirse, le dijo que tendría el mismo final que su tío, y le advirtió que el mejor amigo siempre traiciona en ese mundo que ahora él estaba eligiendo. Malkú recuerda esa tarde azul cuando se despidió.

—Soy un estúpido, no los volveré a ver —grita fuerte, pero nadie lo escucha.

Llora. Se ve a sí mismo tirado en la selva, inerte. Corre, corre, pero no puede hacer nada.

—Aquí no lo podemos recibir, nosotros solo aceptamos la maldad pura o la frialdad genuina. La estupidez es otra cosa —dice Lam, entre gritos y risas—. Dejarlo entrar sería recibir una semilla muy peligrosa.

El demonio responde:

—Ah, por eso lo envió la madre, sabía que no lo dejarías entrar, amo. Es muy astuta. Pero, ¿qué harás?

Lam entra de nuevo a la gruta de dónde salió, ignorando a su lacayo.

Malkú y el demonio quedan solos de nuevo y este aprovecha:

—Serás mío —le dice, y saborea.

Malkú llora.

—Perdón, perdón, perdón —grita a su madre, a su hermana, a su abuela y a todas las personas a quien causó mal, pero no es escuchado.

Capítulo 2

La negociación

El limbo es el único lugar donde no reina ni el bien ni el mal, solo el vacío absoluto. Es el lugar de la tregua, donde son enviadas las almas que deben encontrarse a sí mismas. Mientras lo hacen, la oscuridad absoluta, la soledad y el silencio son su única compañía, sin importar los milenios que tarden en ello. Esa es su paga por haber malgastado su tiempo y su preciosa vida sin haber encontrado su valor.

Allí, Lam y la madre hablan.

—Qué bella estás hoy.

Ella trata de levantar la mirada. La luz ciega a Lam quien no aguanta y debe taparse.

—Ahhh —grita furioso— ¡Eres una maldita!

Ella ríe. Y qué sonido tiene esa sonrisa, musical, que toca el corazón y lo estremece.

Lam llora, no puede evitarlo. Él no puede sentir el amor, para él es tortura.

—Estabas coqueteando y sabes que eres demasiado insignificante para la madre de los mundos —dice ella.

Su voz es una y todas a la vez, un sonido difícil de describir, pero hermoso de escuchar.

—Bueno, vine a otra cosa, no a verte. Ya me harta tu mojigatería… —le dice con altanería, como si quien gobernara fuera él, mientras trata de ocultar sus lágrimas.

Ella lo deja jugar al gobernante.

29

—No puedes tocarlo, es mío y lo sabes.

—Entonces, ¿para qué me envías ese inútil? Yo no lo quiero —la increpa mientras se voltea y le da la espalda para no mostrar el miedo que siente.

Ella sigue serena.

—Su padre lo llama siempre… quiere que forme parte del lado oscuro —dice ella—, estoy cansada de evitarlo.

—Cansada, la gran madre, jajajaja. ¿Así de difícil le salió el hijo? Jajaja. Por eso me lo envías. Porque sabes que no lo podré comer. Es un Dios, si lo tragara, explotaría.

—Es parte de él y parte mía, pero te propongo algo. Déjalo salir del abismo, déjalo libre en el lado invisible. Deja que conserve su anterior forma humana, pero sin la vulnerabilidad de la carne. Será totalmente nuestro, será consciente y pasará las pruebas que debe pasar. Si al final ha hecho maldad, será del abismo y podrás hacer lo que quieras con él, comerlo o incluso entregárselo a su padre. Pero si ha hecho bien y ha deshecho la semilla de la maldad, será mío, totalmente mío.

Lam piensa.

—Serán muchos años, me sirven para algo más. Necesito deshacerme de alguien más. Esa odiosa lombriz de huerta piensa que me la tendré que aguantar siempre y me tiene desesperado. Si dejas que lo acompañe Mati Muy, haré el trato.

—La Serpiente, ja, que astuto —responde la Madre—. Está bien, acepto, pero le pondré otra compañía.

—Ah, ¿sí? No me digas… ¿Uno de tus ángeles buenos y aburridos? Jajajaja, qué miedo. Ya veo a tu Malkú regresando con esa insoportable lombriz y tu soso ángel sin una pluma en sus alas.

Lam se carcajeaba y al hacerlo toda su monumental gordura se movía como gelatina. Sin esperar respuesta, continuó:

—Trato hecho, algunos años y serán míos. No uno, ni dos, sino tres almas. Un ángel y dos dioses. Mi señor lo pagará bien.

—Tú eres el único que ha dicho ángel. No cambias Lam, por eso no sales de esa cueva de amargura y por eso siempre serás el esclavo de tu señor, y eso que te las das de rey del abismo. Tu prepotencia no te deja ver la verdad ni aunque la mires a los ojos. Nunca dije ángel.

Esta vez su voz fuerte es escuchada como trueno en el horizonte. Agrega:

—Más bien es un fantasma y dos dioses, recuérdalo.

Lam brota sus ojos de indignación. Piensa por un instante.

—¿Has matado a un humano poderoso para que cuide tu nene? Qué hipócrita, hasta aquí te llegó la ética, querida gran madre.

—Es mucho mejor, es alguien que lo ama. Además, no lo he matado, él mismo quería regresar —le dice al oído.

Y tan solo un susurro bastó para empujar ese pesado cuerpo muchos metros desde donde estaba.

Lam teme al amor, su corazón está frío y teme al calor del amor, aun su palabra pronunciada le martiriza. Como puede, trata de ocultar su indignación.

—Bueno, qué más da, aun si pierdo, gano, pues me deshago de esa infeliz lombriz que se cree Dios y que va a terminar enloqueciéndome. Si gano, me llevo uno real y a tu humano.

—Hecho —dice la madre—. Trato. De regreso al abismo.

31

Mientras tanto, el demonio se acerca a Malkú y le dice:

—Parece que aún no es tu hora, tienes amigos allá arriba… pero no importa, esperaré, para mí no hay eso que ustedes llaman tiempo. Ya casi vendrás a mí definitivamente.

Malkú está confundido.

—Pero estoy muerto. ¿Ahora qué hago? ¿Dónde voy?

El demonio frustrado le grita:

—¡¡No es mi problema!!

En ese momento le lanza una gran serpiente. Malkú, horrorizado, salta y grita.

—Auxilio, ¡quítamela!

Forcejean, mientras Malkú trata de quitársela de encima, la serpiente se empeña en enroscarse en él.

El demonio ríe a carcajadas.

La serpiente se yergue sobre su cola, se posa frente a Malkú y le dice:

—Yo soy un semi Dios, casi un Dios. Bueno, algún día fui uno, pero las malas compañías… Ja, tú sabes de eso más que yo —lanza con sarcasmo.

La víbora se levanta y exhibe su elegancia. Tiene el vientre morado y el lomo verde. Con orgullo muestra su insignia: tatuado sobre su lomo lleva un listón blanco con personitas grises tomadas de sus manos.

—Soy Mati Muy, mucho gusto, un noble de la casa Muy, semi Dios. Por avatares del destino y por la envidia causada por todo lo que ves aquí, estaba en esa cloaca de la que me has salvado. Mil y mil gracias —dice y empieza a besar su mano.

Malkú sigue estupefacto.

—Demasiado… —dice el demonio mientras se aleja.

—Bueno, chico, no perdamos tiempo, dime qué haremos. ¿Sabes? Seré tu confidente y amigo. Cuenta conmigo para lo que necesites: un mal consejo, estafar a alguien, lo que quieras. Sabes, soy el dios del mal y estoy dispuesto a cometer todo tipo de violencia y maldad, serás como mi guardaespaldas. Seremos como cabeza y sombrero, como un pobre y mal olor, como enfermedad y dolor… —mientras se sacude para limpiarse el pantano—. Además debo agradecerte, hace rato quería salir de esa cloaca. Aquí es un desastre, nadie pone orden. Lam no acepta mis consejos, allí todos hacen lo que les da la gana. Realmente falta un buen líder. Ah, si yo gobernara las cosas serían a otro precio, el idiota de Lam se cree jefe y tiene que aceptar lo que mande la reina madre y mi casi hermano el oscuro… Si yo mandara ya les habría dicho a esos cómo se administra de verdad el infierno. Sabes, me encanta la tortura, de los dos tipos, al cuerpo y la mente…

Mientras habla se enrosca sobre Malkú de nuevo. Él sigue confundido.

—Me mareas, hablas demasiado.

—Hasta yo estoy mareada —dice una voz a su lado.

Malkú y la serpiente saltan y dan un grito por el susto.

—No temas. Lam y la madre han hecho un trato acerca de tu futuro… Me han enviado para guiarte. Soy Iraya Kuku y hasta hace poco estaba en la tierra, pero la madre ha aceptado mi rendición, aquí tengo una misión que cumplir.

Malkú la mira de arriba a abajo. Tiene forma humana, pero sin piel, lo que deja ver sus músculos con todos sus tejidos que van desde el café rojizo hasta el naranja oscuro y sus tendones y cuencas de ojos color amarillo. Lo único que se distingue claramente es su voz femenina, suave y tranquila.

—¿Y cómo es que estabas en la tierra, pero te ves tan diferente? ¿Qué te pasó?

—Ahora soy así porque he dejado mi cuerpo atrás, pues ya no lo necesito. Mi piel ya no está porque ya no necesito apariencias. Me he vuelto un fantasma, que es lo que sucede cuando dejamos algo pendiente en nuestra vida anterior. Tú moriste, pero no eres un fantasma, te encuentras tal cual, porque no eres un mortal, eres… hijo de la madre de los mundos.

Malkú se separa con miedo. Piensa por un momento.

De pronto, en tono sarcástico, dice:

—¿Y no me podían enviar algo mejor? Jajaja.

La serpiente ríe.

—Sí, qué cosa horrible, yo que creía haberlo visto todo, pero esto nunca.

—Yo, por lo menos, no tengo que arrastrarme como otros —dice Iraya Kuky dirigiéndose a Mati Muy.

Luego mira a Malkú y continúa:

—Una existencia, querido Malkú, termina, entonces el paso a una conciencia más elevada comienza.

—Para tu información soy un semi Dios, soy Mati Muy —dice la serpiente—. ¿Y usted? Señor o señora… —dice mientras le observa el sexo que no se le ve.

—Encantada, soy Iraya Kuku, antes fui mortal ahora soy fantasma, protectora y guía de Malkú. Esa es mi misión.

Extiende la mano hasta la cabeza de Mati Muy, pero él no siente nada porque Iraya Kuku no se puede tocar, ella es como humo; solo si quiere puede hacerse tangible.

Malkú se parte de risa.

Mati Muy intenta morderla, pero solo muerde el aire.

Mati Muy guarda silencio, solo se escucha un casi imperceptible siseo que deja ver su bífida lengua.

De nuevo Malkú se concentra en su situación actual.

—¿Y ahora a dónde vamos? Estoy muerto, me acompaña una serpiente y eso —señalando con un gesto al fantasma—. En la tierra no querrán vernos, nos echarán, las personas huirán al vernos. Estoy condenado.

Mati Muy le responde:

—Pero qué poca imaginación tienes. Iremos donde nadie te conozca, a otros mundos. Escoge, el universo es infinito. Hay tanta maldad por regalarle a los mundos, muero de ganas por empezar.

—¿Y cómo iremos no puedo ni levantar este pesado cuerpo que tengo? —pregunta Malkú.

—Idiota, estás muerto. ¡Imbécil! Tu alma no pesa, es tu estupidez —le grita Mati Muy, impaciente.

—Somos energía y la energía está en todas partes, querido Malkú. No temas, yo te guiaré, mi pequeño. Entiende que cuando se cruza el umbral todo cambia. Pronto verás todo cómo debe ser —le dice Iraya Kuku con pesar, tratando de calmarlo.

—Al fin libre. Gracias, Malkú, te amo y te seguiré a donde vayas —le dice Mati Muy, mostrándose servil.

—Qué rastrero, con razón ni Lam te aguantó —expresa Iraya Kuku de forma despectiva.

De forma suave se dirige de nuevo hacia Malkú.

—Recibe mis consejos, hijo y verás cómo en poco tiempo estarás en el paraíso junto a nuestra madre.

Malkú no comprende, solo escucha sin saber a quién hacerle caso.

—Bueno, ¿a dónde quieres ir? —le pregunta Mati Muy.

—Quiero ir a mi casa.

—Jajajaja, qué imbécil. ¡Qué estás muerto! Muerto, frío, colgaste las patas, te chupó la bruja, te llevó el oscuro, jajaja. ¿Qué no entiendes que no puedes volver? —dice Mati Muy divertido.

—Así es, querido Malkú, pide ir donde quieras, pero al pasado ya no es posible. La única manera sería si encarnaras, pero la madre ya no lo quiere. De todas maneras, tampoco serías tú, ni tendrías conciencia de serlo. A decir verdad, es lo mejor que te pudo pasar, pues con las cosas malas que hiciste, si te dejan volver ten seguro que sería para pagar… ¡Y pobre de ti, cuando pagas deudas de otras vidas! Créemelo, estás mejor conmigo.

—Y conmigo —dice Mati Muy.

—Entiende que somos energía, luz, sentimientos… bueno, tú y yo, ese no… —dice Iraya Kuku mientras señala a Mati Muy.

Continúa:

—Te explicaré. Hay infinidad de mundos, es como lo que los humanos llaman planetas, algunos tienen vida y otros no. Muchos están en dimensiones de espacio y tiempo distintos. Puedes visitarlos, para ir a uno de ellos solo necesitas imaginarlo. En ese momento tu corazón te dirá si debes ir, si vale la pena o llegaremos a espacios vacíos y perderemos el esfuerzo, o hasta podemos correr peligro.

Nos encontraremos con formas de vida muy variadas, no sabes lo afortunado que eres al poder conocer lo infinito.

—Y sin haberlo ganado… Lo que vale es tener privilegios con la madre de los mundos —acota Mati Muy—. En cambio, a mí me enviaron a esa mazmorra solo por haberme divertido un poco en mi mundo, qué injustos fueron. Pero ya llegará la venganza y sabrán quién es Mati Muy el grande.

—¿Puedo volar? —pregunta Malkú.

—Puedes hacer lo que te dé la gana, eres libre —dice Mati Muy, de nuevo escupiendo veneno al límite de su paciencia, deseoso de salir de ese lugar.

—Tampoco lo que se le dé la gana —responde Iraya Kuku y, mirando a Malkú, explica—. Sí, puedes volar, pero debes aprender. Además, no es volar, es transportarse, sentir y ver toda la energía espiritual, entender que ahora no eres masa, ahora eres el absoluto. Sólo ten claro algo, debes acatar mis reglas, ser un buen chico, tranquilo y obediente, hacer solo cosas buenas, no ser tan impulsivo de nuevo. Pensar antes de actuar y…

Antes de que pudiera terminar la frase, Malkú y Mati Muy ya están lejos haciendo monerías.

Ella, al darse cuenta, se decepciona.

—Ay, madre, esto será difícil —exclama al aire—. Y para nada ayuda esa lagartija…

—Pues para su información, señora o señor —grita Mati Muy desde lejos—, soy un DIOS muy poderoso. Más respeto, soy Mati Muy, no una lagartija. Soy una víbora magnífica —dice y deja ver su lengua bífida de nuevo y sus adentros oscuros, negros como la noche, como un ser que no ha recibido su alma.

Se acerca hacia Iraya Kuku de nuevo y escupe veneno mientras vocifera.

—Bien, Dios Mati muy, ¿y a dónde propone que llevemos al muchacho? —le responde Iraya Kuku de manera sarcástica.

—Pues, para empezar, con su entrenamiento donde le dé la gana. ¿Acaso no es absoluto? —se dirige al muchacho— Malkú, ¿hay algo que te gustaría ver? Que no sea tu anterior mundo, pero que sea divertido, vamos —pregunta astutamente Mati Muy, percibiendo la falta de discernimiento de Malkú.

Él lo mira por un segundo y responde:

—Pues a mí me encantaban las chicas con tetas grandes, ¿hay por aquí?

Fantasma lleva la mano a su frente, con gesto de decepción.

—Jajaajajjaja, ese será mi muchacho. Pues te voy a llevar gratis —dice Mati Muy—. Hay un mundo donde hay unas… —continúa con gestos obscenos.

—¿Y dónde está ese paraíso? —dice Malkú, interesado.

—Déjame recordar, es en otra dimensión, creo que era… Estaba tan borracho ese día que me es difícil recordar…

—A ver, a ver, semidios, ¿a qué antro nos va a llevar? No confío en este gañán —dice Iraya Kuku.

Mientras tanto, Mati Muy se concentra y empiezan a salir rayos de luz de su cuerpo. Toma a Malkú de la mano. Iraya Kuku se une para no perder de vista a Malkú. Juntos desaparecen en un instante.

Capítulo 3

El primer viaje

Por primera vez Malkú viaja por el espacio. Bueno, realmente no es su primera transportación, más bien se siente arrastrado de manera violenta. A pesar de la rapidez que lleva, alcanza a ver objetos brillantes a lo lejos. Malkú está impresionado.

Por primera vez ve constelaciones de estrellas gigantes, quasars, cometas y todo lo que en su nuevo camino encuentra. A pesar de la velocidad y del aparente vacío del universo, llegan hasta su cuerpo vibraciones que golpean su cuerpo, además nubes y luces de colores que lo tienen asombrado.

Mati Muy se posiciona lo más cerca que puede de un cometa, una roca gigantesca que se desplaza por el espacio casi encendida y va dejando a su paso una estela de lucecitas que titilan.

—Eessooo, a ver quién es más veloz, si ella o yo. ¿Qué dices, eh, Malkú? —grita Mati Muy, excitado por volver después de tanto tiempo a recorrer el universo.

Acelera tanto que al romper el espacio oscuro también ellos dejaban lucecitas de fuego a su paso. De pronto hace una curva cerrada y pierde de vista a la gran roca.

A lo lejos ven lo que parece otra roca sin forma definida. No es esférica como la Tierra, ni tiene movimiento como el cometa, más bien demasiado estática parece; hacia ese lugar los conduce Mati Muy. Primero la ve pequeña, pero al acercarse se vuelve inmensa y su gravedad empieza a atraerlos cada vez con más fuerza.

Descienden en la superficie sin hacerse daño. Es la primera llegada de Malkú a otro mundo y lo siente en su cuerpo.

Primero, silencio. Luego comienzan a escucharse cantos de mujeres a lo lejos.

—Esto no me gusta, deberíamos irnos —les dice Iraya Kuku.

Una niebla densa de color verde cubre el lugar. No se ve nada, ni calles, ni gente, ni edificios, ni siquiera algo natural. Todo parece un desierto deshabitado. Solamente puede distinguirse lo que parecen agujeros entre el polvoriento suelo. Hace calor. Ahora, hay silencio de nuevo.

De la nada aparece entre ellos un grupo de mujeres bellas que, semidesnudas y sudorosas por el calor, los tocan y miran con coquetería.

Malkú está feliz: son jóvenes, hermosas, con grandes pechos, y por lo visto están dispuestas a atender bien a los recién llegados.

Mati Muy ya tiene tres a su servicio y Malkú está asediado por muchas otras.

Iraya Kuku quita a las empalagosas que puede, ya que le impiden vigilar a Malkú.

—Calma, chicas, calma, pues hay Malkú para todas. Habrá mucho amor y diversión —les dice Malkú bastante emocionado.

Estallan las risas.

—Pero todas queremos —dice una haciendo puchero—. Estamos tan solas desde que nuestros esposos se fueron a la guerra de kr65... No estamos acostumbradas a estar solitas, ellos son miles y siempre nos atienden una a una. Ahora estamos sin ser fecundadas, solas en este mundo... y tú eres tan hermoso.

—¿Esposos? ¿No hay alguna soltera? Es que no quiero problemas, ya he tenido demasiados —dice Malkú y ahora trata de separarlas de sí mientras ellas insisten en apretarlo contra sus grandes pechos.

—¡Qué amargado! Casadas, solteras, como sea son bellas —acota Mati Muy festivo e impaciente—. Yo le hago a todo, aprovecha que no hay competencia.

—¡Qué descarado! —replica Iraya Kuku.

Una de las chicas se acerca al oído de Malkú y le susurra:

—Te propongo algo, bello Malkú. Juguemos; si nosotras ganamos, eres todo nuestro, pero si tú ganas, escoges la que quieras o las que quieras. Mira que no tendrás competencia, serás tú solo.

Malkú ve cómo otras empiezan a traer bebidas y responde, extasiado:

—Chica, ¡me gusta la diversión!

Olvida lo vivido antes y su actual estado y se suma al juego que le proponen. Rápidamente, Malkú y Mati Muy empiezan a embriagarse. Iraya Kuku se va, enojada, diciendo por lo bajo:

—Prefiero investigar el lugar.

Ya están casi borrachos y desnudos cuando aparece la líder del campo, una mujer con rostro extraño. Se parece más a un reptil que a un humano, no es como las demás. Lo que sí sobresale en ella son sus grandes y carnosos labios, sus pómulos prominentes y sus pechos gigantes. Está demasiado maquillada y adornada. Se menea al caminar y al hablar con demasiada exageración.

—Vaya, vaya, vaya, pero si es nuestro querido Mati Muy… Hace mucho no nos visitabas. ¿A qué debemos este honor gran Mati? —le dice, sarcástica, acercándose a la cara de Mati Muy—. Si te creímos muerto… La última vez te fuiste sin pagar y dejaste embarazadas a seis de mis mejores chicas. Eres un… y le da una cachetada.

Mati Muy se oculta detrás de Malkú.

—Ah, pero, ¿qué veo? Qué bello y guapo. ¿Con este piensas que vas a pagar todo lo que me debes? —dice nuevamente dirigiéndose a Mati Muy.

—Pero querida mía, yo no sabía que había sido padre. ¡Qué orgullo! ¿Y dónde están mis bebés? Aunque, ¿cómo puedo saber si son míos, si éramos muchos en el juego?

—Qué descaro —le responde la líder y le da una nueva bofetada. En ese momento se vuelve gigante, toma forma de serpiente y saca su lengua hasta el rostro de Malkú, quien ahora está aterrorizado.

Cerca de allí se encuentra Iraya Kuku, quien ha descubierto que no son mujeres, sino víboras hambrientas y que los huecos en el suelo son sus madrigueras.

Apresurada, llega hasta donde dejó a Malkú para avisarle, pero ya se ha convertido en un prisionero, al igual que Mati Muy. Dentro de esferas de energía oscura, ahora todas han tomado su forma original.

Cuando Iraya Kuku se acerca la toman también como prisionera. Las víboras se preparan para devorarlos.

—Mira en lo que nos has metido. Te dije que no confiaras en esta lagartija, que no sabe ni dónde se arrastra —le dice a Malkú—.

Luego se dirige a la líder con cordialidad:

—Señora, permítame presentarme, soy Iraya Kuku, protectora de este chico al que tiene cautivo. Disculpe por irrumpir en su hogar con este par de tontos, sepa usted que no es nuestra intención causarle disgusto ni molestia alguna. Le aseguro que en este mismo instante me llevaré este par de truhanes y no volverán a verlos jamás.

—No importa si eres su protectora, tenemos hambre y ésos dos serán un delicioso bocadillo. Además, tendrán que pagar todos los disgustos que he soportado por culpa de su acompañante lagartija.

—Ah, claro, pagaremos hasta lo último que sea adeudado por este sinvergüenza, solo dígame si hay alguna forma de pago que no sea comerlos. Ahí donde usted ve a ese hombre —señalando a Malkú— es muy importante, hijo directo de la madre de los mundos y estoy segura, no le agradaría nada que usted se coma a su querido hijo.

La serpiente cambia su expresión de repente.

—¿Hijo de la gran madre? —se acerca serpenteando hasta Malkú y comienza a tocarlo con su lengua, degustándolo—. Ah, pero qué gran oportunidad. Ahora te comprendo Mati, realmente sí viniste a pagarme.

Mati, cobarde pero ingenioso, le dice:

—Si te casas con él, serás la nuera de la gran madre, dejarás este lugar asqueroso y vivirás en el cielo con tu marido y tus quinientos retoños. Serás una princesa.

—¡Ya me veo! Sí, me casaré contigo delicioso chico. ¡Se cancela la comida, y que haya boda! —exclama a viva voz y en ese instante vuelve a tener su apariencia humana.

Malkú queda con la mirada perdida, empieza a ponerse blanco hasta que cae en un golpe seco, desmayado. Iraya Kuku grita desesperada y se acerca a él. Lo sacude tratando de despertarlo.

—Malkú, Malkú, despierta tienes que hacer algo. Sácanos de aquí antes de la boda, pues si es consumada no podremos hacer nada, será demasiado tarde, terminarás convertido en una serpiente igual que Mati Muy y no podrás regresar a tu forma original.

—Pues déjalo, tanto escándalo… hasta yo me casaría con esta bella dama —replica Mati Muy mientras serpentea dentro de la esfera.

—Pues hazlo. Tú nos metiste en esto, ahora sácanos —dice entrando en sí, enojado, Malkú.

—No puedo, somos prisioneros, no somos libres para desplazarnos. Además, ella te quiere a ti, qué envidia.

—Pues, ¿para esto viví? No quiero casarme con nadie, soy muy joven. ¡Y menos con un reptil!

—¿Qué estoy escuchando? No puedes tratar así a tu amada antes de la boda, ¿qué clase de príncipe eres? Malo, malo, y yo una pobre damisela frágil, enamorada. Esto lo sabrá tu madre cuando nos vayamos a vivir con ella.

—Malkú por favor concéntrate, tú puedes sacarnos, tú tienes la fuerza, no te rindas —le grita Iraya Kuku.

Pero Malkú no le presta atención, está bloqueado solo de pensar en la horrible pesadilla que cree que está viviendo.

Mientras tanto, todo está siendo preparado para la gran boda.

Después de un rato de silencio, Mati Muy se burla:

—¿Ya estás listo para el gran paso, noviecito?

Malkú explota, se abalanza sobre él y comienza a golpearlo con ira. Mati Muy lanza veneno y serpenteaba ágilmente, pero sin poder hacer ningún daño real a Malkú.

Comienzan a culparse mutuamente por la situación. Iraya Kuku trata de calmarlos.

Cuando al fin logra separarlos y obtiene su atención, les recuerda que queda poco tiempo y deben pensar un plan para escapar. Malkú, volviendo en sí, dice:

—Yo ya tengo una idea.

En realidad, eran muchas las formas de escapar que pasaban por la mente de Malkú en ese momento.

Una de las mujeres busca a Mati Muy para llevarlo a conocer a sus hijos y él se va gustoso. Mientras tanto, otras esclavas comienzan a preparar a Malkú para la boda.

Cuando todo está listo, llevan a Malkú hacia la ceremonia fuertemente custodiado por muchas y grandes serpientes.

Él no deja de llorar y maldecir al ver a la novia. Casi se le olvida que tienen un plan para escapar.

Mati Muy está feliz con sus serpientes esposas y sus bebés.

Cuando Malkú llega al altar es recibido por su prometida, que está vestida de novia y llora emocionada. Serpentea hasta el cuello de Malkú casi asfixiándolo, sus caricias son toscas.

—No quiero casarme. ¡¡Eres fea!! —grita Malkú.

En el lugar retumba un silencio absoluto.

—¿Fea? ¿Yo? —balbucea la novia sin poder creer lo que ha escuchado.

—Muy fea. Más que fea, horrorosa —le repite Malkú mirándola de arriba a abajo.

La novia no deja de llorar, nadie puede calmarla. De pronto la tristeza se convierte en un estado de furia. Está fuera de sí misma, crece y crece más hasta hacerse gigante en su forma de serpiente. Con ojos coléricos queda ciega y con locura extrema.

—Yo soy la más hermosa del universo —dice entre gritos y alaridos de dolor.

Está tan furiosa que lanza coletazos con los que destruye todo, incluso a sus hermanas que son alcanzadas. Lo que no destruye con su gran cola, lo devora o destroza con afilados dientes

Todos corren presos del pánico. Ella está incontrolable y colérica.

Iraya no tiene el poder para detenerla y Mati está ocupado escondiéndose y tratando que la serpiente se coma a sus hijos y sus madres, para deshacerse de ellos.

Pero realmente ella está fuera de sí misma, histérica. Malkú, aterrado está escondido detrás de ruinas. Solo hay polvo, gritos, chillidos, baba y confusión.

—¿Dónde está? No me importa que sea quien es, lo comeré… a mí nadie me dice fea. Soy hermosa —repite una y otra vez mientras chilla.

Su ira es incontrolable, ataca a gran velocidad sin fijarse en sus presas. Despide un olor nauseabundo que los marea.

Iraya logra mantener la calma y así encuentra a Mati Muy.

—Sácanos de aquí, rápido o no escaparemos, no hay tiempo. Malkú no sabe quién es y no conoce sus poderes, yo estoy débil por la energía oscura y tú eres el único que puede hacerlo. Busca a Malkú, y sálvanos.

En ese instante, un coletazo derrumba a Mati Muy.

—Mati, Mati, despierta, ayúdanos.

Iraya Kuku está aterrada, pero mantiene la suficiente cordura para buscar soluciones a lo que les ocurre.

—Buscaré a Malkú. Mientras, ocúltate y toma fuerzas, te necesitamos. Pero ahora sí, Mati, Mati, sálvanos —implora.

—Una lagartija no podría salvarte a ti inútil cosa, y al otro inútil —le dice Mati Muy.

Iraya Kuku reacciona de forma inteligente y decide iniciar la competencia con su rival de una forma astuta.

—Por favor, su majestad Mati Muy, sácanos de aquí y no vuelvo a decirte lagartija. Espero me disculpes.

Mati finge debilidad, pero en realidad disfruta viendo sufrir a la angustiada de Iraya Kuku y espera el momento oportuno para deshacerse de sus dos acompañantes también.

Mientras tanto, la reina serpiente con su rostro desfigurado por la ira, ha enloquecido y ya no es consciente del daño que hace a su propia esfera, ha crecido tanto y sus músculos están a punto de estallar.

Iraya encuentra a Malkú desmayado debajo de montones de escombros, incapaz de mover nada. Debe buscar a Mati Muy de nuevo para que así juntos los lleve lejos de allí.

Así se reúnen. Mati Muy, aunque decepcionado por encontrarlos de nuevo, decide también huir antes de ser aplastado por la bestia. Cuando está listo para irse, grita a la reina serpiente:

—Aquí estamos, ahora te dejamos por fea y mal anfitriona. Nunca me aparearía contigo ni con ninguna de tus horribles hijas. Soy demasiado para ustedes. Fea, fea y fea llena de complejos, tu figura no me gusta y tu conversación no entretiene, nunca me aburrí tanto como en este horrible lugar y en tu compañía.

La reina, al oír esto no puede creerlo, ella que solo estaba acostumbrada a los elogios. Sus ojos se encienden y se abalanza sobre ellos. Mientras se acerca se deforma rápidamente, irradia el calor de la ira que se está apoderando de ella. Antes de alcanzarlos, su cuerpo explota y la radiación provoca que también estalle su esfera.

Malkú, Mati Muy e Iraya Kuku apenas tienen tiempo de escapar antes de que la onda explosiva los atrape. Mientras se alejan sienten acercarse una fuerza poderosa que los hace voltear. Entre la nube de la explosión ven por primera a orgullo viviente, un ser poderoso y horrible vestido de verde, que estaba oculto dentro de la reina serpiente.

Él también ha salido despedido por la explosión, pero sus alas le permiten reaccionar. Con una agilidad sorprendente pasa por un lado de ellos mirándolos de forma airada, sonriente y sin decirles una sola palabra se aleja, para luego perderse en el oscuro infinito.

La fuerza y maldad que sienten al tenerlo a su lado es mucho mayor al impacto de la explosión.

Capítulo 4

Malkú en la Tierra

Al escapar y en medio de la confusión por el estallido de la esfera de las mujeres serpientes, Malkú es atraído por lo único que realmente hay en su corazón: el deseo de volver a casa.

Mati e Iraya son dispersados por el universo como taquiones que no pueden detenerse.

—Mamá, mamá, estoy aquí de nuevo, te prometo que nunca más te dejaré. Mami, mami... he vuelto —dice Malkú, que olvida que ha muerto como humano.

La casa parece extraña, oscura y nublada, demasiado fría, aunque todos están presentes nadie le habla. Lo ignoran, es como si no lo escucharan, aunque él grita.

Mamá está cocinando, de espaldas a Malkú. Una mujer joven, de 45 años de piel muy blanca y cabello castaño, casi rojo y ojos que siempre parecen preguntar.

Malkú es idéntico a ella, salvo por su estatura y sus ojos, también color almendra, pero que siempre parecen sonreír. Su hermana Canel, en cambio, es de baja estatura, morena, de ojos casi negros y mirada seria, de rasgos mestizos heredados de su padre, demasiado inteligente para su corta edad, hermosa. Cuando era bebé todos se sorprendían al ver que una pequeñísima niña habla de un modo tan ágil y elocuente.

—Váyase de mi casa, que esta casa es mía —decía graciosamente cuando alguien se acercaba por su casa con esa carita de hermosa ratona.

Hay cosas que nunca se pueden olvidar, esta graciosa bebé es una de ellas. Aunque parece gruñona, realmente es una niña feliz y de un gran corazón. Ella siempre amó a Malkú. Mamá ha perdido su niño amado, su favorito, su orgullo; pero Canel ha perdido su medio mundo. Siempre fue su confidente y alcahueta, realmente disfrutaba las travesuras de su hermano mayor. Si alguien quería meterse con Malkú, primero debía vérselas con ella.

Malkú las mira y nota que algo ha pasado. Hay demasiado silencio para una casa de gritos y risas habituales. Va a su cuarto y nota que algunas cosas ya no están. En su closet ahora hay ropa de niña y hay juguetes de niña, Malkú no comprende. Es su casa, está su familia, pero es raro para él. Los muebles han cambiado… comprende que hayan comprado otros, ya que los viejos muebles estaban estropeados pues la vieja Eimi —su adorada labrador negra— los había roto cuando era una cachorra. Además, los habían usado desde niños y habían saltado tanto en sus divertidos juegos que ya merecían un cambio. Las paredes también han cambiado, ahora son blancas; nunca le había gustado el otro color.

Baja las escaleras rápido, quiere verlo todo como si fuera la primera vez. El primer piso ahora está ocupado por extraños; lo han separado del segundo piso con una nueva pared.

La pequeña habitación que antes compartía con Canel, donde había tomado la virginidad de Jin y había hecho tantas locuras, ahora tiene cosas que no reconoce, son de personas extrañas para él. Trata de tocar las paredes, pero el frío que despiden lo quema. Aún quedan rayones que no se borran del todo con la nueva pintura, solo él sabe por qué habían sido hechos.

De repente, a Malkú lo invade la tristeza: entiende que ahora, sin él, la casa es demasiado grande para ellas y por eso han alquilado el primer piso, haciendo una división provisional.

—Si ustedes hablaran, queridos muros... y sonríe con su gesto de hermoso ángel malvado.

Si alguna chica entraba allí no salía igual, todas eran seducidas por ese chico bello, de cuerpo perfecto, seguro de sí mismo, coqueto, de sonrisa que atraía y con esos ojos juguetones y felices.

Vuelve corriendo a la segunda planta donde está su familia. A pesar de verlos tan cerca, los siente ajenos y extraños a él. Ahora hay un gato y un perro que antes no tenían, casualmente, también estos lo ignoran. Se siente espectador, ajeno a todo lo que ve.

Malkú llora, se ha dado cuenta que los ha perdido, que ha muerto para ellos. Se siente vacío y recuerda a Jin.

Baja las escaleras en busca de ella, cruza la calle que separaba sus casas, pero no puede encontrarla. De pronto recuerda las palabras de Iraya Kuku y se concentra para buscarla por medio del corazón, pero no sucede nada.

Entra a su casa, busca en su cuarto, pero no está, ni tampoco sus cosas.

Recorre toda la casa, pero se da por vencido: ella no está. Trata de concentrarse de nuevo para encontrarla por medio del amor, pero no es posible.

Antes de salir, su mirada se va directo a una fotografía: es Jin, algo distinta, su cabello es más largo y de otro color. Está vestida de blanco, abrazada a un hombre. Tiene que acercarse para ver bien pues se parece a él, pero no es. Nunca había visto a esta persona, ella parece feliz.

Malkú llora. Se ha casado. Le hizo tanto daño que la ha perdido.

Se da cuenta de pronto que puede verlos, pero no puede escucharlos… siempre hubo silencio, pero no lo había notado. Solo hasta este momento se da cuenta que realmente no está cerca de todo lo que ve.

Sale a la calle y pasan autos y personas. Él está inmóvil, pero ellos pasan como dentro de él sin detenerse. Se siente hueco, vacío por dentro, pero al mismo tiempo siente un dolor agónico que lo recorre y lo hace temblar.

Regresa a casa, busca a mamá. Ahora se para frente a ella. Cree tomarla de los hombros, la mira a la cara… no puede creerlo, siente pánico. Ella ha envejecido, pero lo que lo llena de terror es que ve otra figura alada como las que vio antes al lado de Lam y la que vio salir de la mujerserpiente. Es Tristeza, que se ha apoderado de ella.

De pronto viene a su mente una escena que ya había olvidado. Ve a su amada abuela siendo acechada por el mismo ser alado. Ahora se da cuenta que Tristeza siempre había estado al lado de su abuela, pero mientras estaba vivo no la podía ver. Reacciona, ve de nuevo a su madre y le grita:

—Mamáaaa, no lo permitas. ¡Sácala! ¡Aléjala de ti ella, es mala! Ella mató a la abuela.

Pero Tristeza tiene grandes raíces que han crecido por todo su cuerpo, casi hasta cubrirla totalmente.

Solo queda una pequeña luz, que lucha por no apagarse dentro de su corazón y la mantiene apartada de la terrible desesperanza que también la acompaña con su vestido amarillo. Ahora puede ver las dos horribles figuras que despiden frío y fuerza maligna de sus cuerpos.

Malkú cae de rodillas devastado, solo en ese momento se da cuenta lo que ha hecho.

Mira a Canel y lo ve: Tristeza la acecha también. No la ha podido tomar, aunque la acompaña. Canel es fuerte como ninguna, sufre, pero no se ha rendido. Sin embargo, la astuta Tristeza, al no poder derrotarla, ha tratado de envenenarla y lo está consiguiendo. El cuerpo de Canel lucha, ella siempre siente náuseas, cree que ha enfermado, pero es el inmenso dolor que la ahoga, convertido en veneno, viaja a través de sus venas.

Malkú llora sin parar. Dolor, Angustia, Culpa y Amargura llegan, acompañadas esta vez por tormento. Tratan de entrar en él, pero no pueden. A pesar de que Malkú no tiene fuerzas, algo lo evita, luchan ferozmente por entrar en él, pero no lo logran.

Iraya Kuku vuelve en sí misma en el vacío. Toma toda su energía espiritual para desviarse del trayecto por donde fue enviada a toda velocidad, con gran esfuerzo, asustada, escucha un corazón humano que la llama. Se da cuenta que, aún conserva una conexión en la tierra, piensa que allí tuvo que ir Malkú. ¿Dónde más?

Se guía por esa fuerza que no reconoce pero que es muy atrayente, como un imán que la lleva en una dirección, y ella se deja llevar. Mientras Malkú había sido atraído a uno de los días de tristeza desgarradora que ahora tenía su madre, Iraka Kuku es atraída a otro momento en el tiempo.

Se encuentra delante de una casa que no reconoce, pero una luz cegadora sale de allí, es algo especial, lo sabe. Hay dos mujeres en una cocina, se ha dado cuenta que ellas saben que ha entrado, pero a pesar de eso la ignoran.

Se sitúa detrás de la que la ha llamado con su corazón. La mujer voltea, la mira, mira a sus ojos, pero tampoco la reconoce, de nuevo voltea y sigue ignorándola.

Iraya le grita:

—Malkú, ¿dónde está Malkú? ¿Lo has visto? ¿Por qué me llamas? ¿Quién eres, por qué me llamas?

Iraya Kuku, angustiada, trata de ser entendida. Pero ahora ve que la mujer ha bloqueado la conexión, Miedo la acompaña y se ha interpuesto entre ellas.

Mira a la otra y solo ve a Tristeza adueñarse de ella. La mujer también la mira; no hay temor en ella, sin embargo, no tiene fuerza para reaccionar.

Iraya, desesperada, sale de ese lugar. Mira atrás desconcertada, sabe que una fuerza inmensa la une a ellas, pero no puede recordar que es ni por qué. De nuevo ve a tristeza que la sigue, ahora acompañada de Arrepentimiento, quien trata de alcanzarla, al tiempo que le muestra mediante escenas todos sus errores pasados.

Vuelve a sentirse humana por un instante.

No lo puede evitar, algo la arrastra de nuevo a ese lugar. Ella no puede darse cuenta que esa fuerza que la transporta hasta allí es el dolor de su hija, el que ha cultivado desde que Malkú desapareció.

Regresa, pero ahora todo es gris, la mujer que la vio está acostada pero no duerme y la otra ya no está. Se da cuenta de que es el amanecer. Al parecer allí ha transcurrido tiempo desde su salida, que para ella duró tan solo unos minutos.

Ahora lo ve claro, la mujer que duerme es su hija, su pequeña hija Lin. Iraya Kuku siente culpa, llora como humano y un gran tornado crece a su alrededor. Trata de hablarle a Lin, pero Miedo, impulsado por el resentimiento, lo impide. Las bestias aladas están por todas partes atormentándola.

Iraya había muerto hacía tan solo dos semanas. Aunque Lin aprieta los ojos con toda su fuerza, presiente que allí está su madre, pero tiene demasiado terror de lo anormal, como lo que está escuchando en su cuarto a las seis de la mañana.

Ella recuerda que Iraya Kuku siempre oraba. Aunque no hay certezas de que sea ella, llena de terror, con los ojos cerrados, repite la oración preferida de su madre. Sin embargo, el tornado que escucha girar con tanta fuerza aumenta con esta oración, al igual que el terror de Lin al no comprender lo que ocurre, pero el amor que hay en Lin es superior a su miedo, lo que la lleva a reaccionar.

Iraya Kuku no puede escuchar la oración, pues fue dicha con el cerebro de Lin como reacción al terror que sentía y como medio para alejarla. En cambio, puede escuchar una voz que dice:

—Madre, si eres tú, te perdono. Y perdóname tú a mí. Ahora vete, descansa en paz y sé feliz.

En el lado invisible, Iraya Kuku solo puede oír al corazón, y fue con él que Lin ahora habló.

Al oír esto, Iraya es arrastrada lejos de allí por una fuerza descomunal que la arroja dentro de escenas del pasado. Revive momentos que ya había olvidado y ahora siente con intensidad muchas cosas que antes ni siquiera había notado. Empieza a darse cuenta de las veces que falló como madre y que había estado ciega ante situaciones que habían desencadenado destinos que ella no hubiera deseado para las personas que más amaba.

De pronto, reconoce que había llamado a Tristeza desde el día que vio el fracaso en los suyos, y que desde ese momento este ser nunca se fue. Se da cuenta que su compañía constante la consumió hasta derrumbarla. Ahora es claro: Tristeza la había matado.

Al final de sus años, ya vieja, padeció mucho, siempre mostrando coraje, pero ya no tenía las mismas fuerzas de años atrás. El amor de su vida, Bert, la repudiaba; Malkú, su amado nieto, había desaparecido; y sus hijos no lograban salir de la pobreza y el fracaso, por más que lucharan siempre perdían; ya no encontró razón para seguir. Se sintió derrotada y avergonzada.

De pronto se encuentra frente a ella: Tristeza se posa erguida y con sus alas levantadas la mira y le grita. En su rostro no hay gesto, es inexpresiva.

—He ganado y ha sido fácil. Sabes que lo permitiste. Lin y Noar te lo advirtieron y te negaste a escucharlas… me lo dejaste fácil.

Ahora, sonríe con una expresión diabólica, burlona, oscura. Sus ojos brillan como fuego en la noche. Con un gesto de la mano le señala el camino recto, negro. Iraya Kuku en ese instante vuelve en sí misma, de nuevo toma el control en su ser, su rostro de amargura cambia y es desafiante.

—No has ganado, aún no. ¿No lo sabes?

Fuerza, Amor, Esperanza y Valentía habitan en ellos. Lin lo sabe, me lo ha dicho. Ellos vencerán, aunque ustedes los acechen, ni enfermedad, ni escasez, ni siquiera penuria, ni tú podrán derrotarlos. Están marcados, la madre de los mundos los ha señalado. ¿Sabes? Ni siquiera la estrella más grande de los mundos tiene tanta llama como ellos juntos.

Al escuchar esto, Tristeza le muestra de nuevo sus malignos ojos rojos, rojos como la llama de un bosque ardiendo en la noche. Pero Iraya Kuku está llena ahora de energía espiritual, Fuerza y Paz la acompañan con sus bellos vestidos amarillos y azules. Al morir en el mundo azul, se transformó en una valiente guerrera: ahora puede ver que están a su lado esas criaturas, también aladas, pero de semblante distinto a las bestias malignas. Aunque no tuvieron el poder de evitar el triste desenlace de su anterior vida, evitaron que fuera peor para ella y su familia. Tristeza, al darse cuenta, huye.

Ahora lo ve... ve a Malkú.

—Malkú —le grita y va a toda prisa para alcanzarlo.

Llega a tiempo; Dolor y Arrepentimiento están a punto de devorarlo.

—Malkú, levántate, vamos. Vamos, mi niño bueno, ya no somos de aquí, vámonos. Si nos quedamos solo les haremos daño, levántate.

Pero Malkú solo llora desconsolado. Dolor le está robando toda su energía, está agotado.

Mientras Angustia, Arrepentimiento, Tristeza, Desesperanza, Terror y Penuria, atraídas por el hechizo de sus hermanas, hacen una ronda bailando a su alrededor y susurrando una canción punzante y violenta:

A Malkú lo odian, lo aborrecen, por eso está perdido y nunca regresará.

Los aldeanos dicen que mataba sin piedad, que causó mucho dolor.

Las mujeres tienen lágrimas en su rostro y los hombres terror.

A unas dejó viudas, en los hombres sembró terror.

Malkú, sangre, Malkú, horror, Malkú murió.

Malkú es mío, mío y mío,

sabroso, sabroso, sabroso,

tonto, ingenuo, tonto, me lo comeré.

Me comeré a su mami,

a su hermana, sabrosa, sabrosa.

Es un sonido ensordecedor que penetra en Malkú como el estallido de una bomba, con un chillido que no puede soportar. No puede levantarse, con sus manos cubre sus oídos tratando de no escuchar.

Iraya se llena de luz; una luz hermosa y amarilla, como una rosa. El aroma es suave y puro, de ella salen lucecitas que protegen a Malkú y no lo dejan oír más esa terrible canción que lo atormenta. Le susurra al oído y lo acuna como a un bebé que está calmado por su nana. Con una canción de melodía suave y calmante, neutraliza las otras voces:

Hace años no lo veo y aún lo espero;

si no regresa lo esperaré hasta el día que muera.

Nació una madrugada, nunca he vuelto a ver cosa más hermosa,

tanta belleza en una diminuta criatura.

Carita blanca y suave, mejillas rosadas, boquita perfecta.

Era perfecto y a medida que crecía no dejaba de serlo,

al contrario, se hacía más fuerte y bello que los demás.

Lo tenía todo para ser el mejor, no le faltaba nada

Era como una melodía

Como la más linda sonrisa

Como una noche estrellada

O como el verdadero amor.

Oh, Malkú, ¿dónde estás?

Un día voló.

Dicen que lo acompañaba perro negro;

Otros dicen que lo vieron en el gran río.

Huyó tal vez o buscaba un sueño.

Decía que veía monstruos desde que era niño y que lo perseguían, pero nunca los vi;

Si los hubiera visto, los hubiera echado lejos,

donde no le hubieran hecho daño, lo hubiera protegido.

Oh, Malkú, ¿dónde estás?

En el río junto al pescador o detrás de la muralla.

Ya no hay felicidad, ya no está completa la vida.

¿Por qué no lo supo, para que nunca se hubiera ido?

Le desgarras el alma a ellos con espanto, y a nosotros con tu ausencia.

En las fiestas ya no hay alegría sino tristeza.

No te vayas, Malkú.

No te vayas, no hagas daño a tu hermano, para que no te odien

y por favor no desgarres mi corazón para siempre.

Vuelve a ser el niño que abrazaba una mañana de abril.
Mi niño blanco, mi Malkú, ojos de alegría
No confíes ni en perro ni en el mandarín.

Capítulo 5

Mundo del zorro

—Pero, ¿dónde estaban mis queridos acompañantes de aventura? ¡No saben cómo los he extrañado, casi lloro viendo tanto drama allá en el mundo azul! Les confieso; acaban de conmoverme, y eso no es algo fácil —dice Mati Muy con marcado sarcasmo.

Finge llorar y luego les grita fuertemente:

—¡¡Tontos!!

Están en una esfera lejana, situada en otra dimensión, llamada Kákkuo 680. Él los ha llamado hasta ahí.

De repente les lanza un grito agudo, y al final un siseo...

—Estuvieron a punto de arruinarlo todo, no pueden ser tan estúpidos. ¿Qué quieren, que regrese a las profundidades del mal? Ese maldito de Lam sería capaz de comerme y estallar si regreso tan rápido. A él lo que menos le importa es que el oscuro gane, sabe que su condena está por encima de La gran madre, sabe que es su condena y su naturaleza.

Piensa por un momento. Mientras cambia su expresión, vuelve a mirarlos, les dice:

—No puede ser, si me diera la gana te ganaría ya mismo. Nada más básico que un fantasma y un atado. Jajajaja, hasta lástima me dan. Agradezcan que yo también los quiero ayudar, de lo contrario los hubiera dejado vagando sin fin en ese aburrido e insignificante mundo. Si llegaran a quedar atrapados no habría manera de escapar, se quedarían allí hasta el fin, igual que sus inútiles habitantes; que lo más lejos que han llegado es a esa esfera cercana menor y eso que la tienen en sus narices. Mientras nosotros tenemos la facilidad de ir y venir a nuestro antojo por lo visible y lo no visible, además de ver lo inimaginable... Agradezcan pues. ¿Qué hacen allí? Están pasmados, imbéciles.

—No creas que soy tan básica, gran Mati Muy, ni que soy un oponente pequeño. No miro lo que tú ves, pero tengo a Amor y eso me hace más grande que tú —le dice Iraya Kuku—. ¿Imbéciles? ¿Es todo lo que nos dices? Estuvimos a punto de ser devorados y tu aquí tan campante. ¿Para qué crees que la madre te sacó de la mazmorra del mal? —le replica furiosa a Mati Muy—. Justamente para que lo desataras. ¿Qué te parece, Mati?

Malkú no habla, no dice nada. Está pasmado, lo sucedido lo hizo ver su realidad frente a frente como nunca, siempre fue un niño que se negó a crecer; para responsabilidades estaban los demás, no él, siempre contó con quién lo cuidará, no estaba acostumbrado a este sentimiento.

Ahora lo ve claro, la vida fue cruel con él y con los suyos, era el momento de asumir las consecuencias de lo hecho. Acaba de ver cuánto dolor ha dejado. Lo siente tan fuerte que, de no tener la complejidad de un Dios, enloquecería o se desintegraría.

Ignorando a Malkú, siguen discutiendo los dos contrincantes.

—Ay, ya, deja el drama, también es tu trabajo y por si no lo recuerdas y aunque no lo acostumbro te lo voy a sacar en cara. ¿Te acuerdas quien los sacó del mundo de las serpientes? ¿Y ahora mismo del mundo azul antes de que fueran atrapados? Pues yo... quién más, par de inútiles, y no creas que eres el primer fantasma con el que me encuentro, sé sus debilidades. Pero para que vean lo noble que soy, los he llamado a este bello lugar. Mati Muy termina la discusión con cara de felicidad, dándose por ganado. Iraya Kuku hace un gesto de ironía. A decir verdad, este lugar tiene un bello cielo púrpura, un aroma de mil flores de todos los colores y hermosos destellos brillantes por doquier.

—¿Y qué querías, si tú nos llevaste a ese horrible lugar y nos pusiste en peligro? —contraataca Iraya—. Malkú no entiende el poder de lo que desea y fue llamado al mundo azul mientras lo perdí en ese horrible lugar de serpientes. ¿Dónde estamos ahora? Querías que esa horrible mujer serpiente lo devorara verdad, pero no contabas con que si eso ocurría tú también ibas a sufrir las consecuencias y no te quedó más opción que ayudarnos. Entiende, estúpida lagartija, que de Malkú no puedes librarte, no es esa tu misión, tu misión es hacer que falle, que muestre sus instintos malignos, pero aquí estoy yo para evitarlo y así lo haré.

—Querida Iraya Kuku —dice Maty Muy sonriente como si no hubiera escuchado su insulto—. Estamos en kakkuo 680, el reino del zorro, mi antiguo acompañante de aventuras. Ah, cómo nos divertimos juntos —suspira—, ya lo conocerán es muy buen tipo, casi como yo. Claro, no tan apuesto ni de noble cuna, pero un buen tipo y muuuuy gracioso.

Malkú no habla e Iraya está exhausta, acaba de usar toda su energía en su encuentro en la tierra y ahora con Mati Muy.

—¿Y para qué nos traes aquí, para verte de juerga, o para conocer otro igual o peor que tú? ¿O se trata de otra más como lo de las mujeres serpientes? Déjanos solos y vete con tu amigo, estamos cansados, ¿no lo ves? Malkú aún no reacciona —y dirigiéndose a él, continúa—. Pobre mi niño, tu Iraya Kuku te cuidará, descansa.

Iraya Kuku se niega a que sea Mati Muy quien ponga punto final a ese episodio, y menos burlándose de lo que acaban de pasar.

—Duerme, mi niño, duerme, mi sol, duérmete pedazo de mi corazón —canta con voz suave.

—Así es como agradecen, humm, pero qué se puede esperar de un muchacho mimado y de… de… de un fantasma que llama a un poderoso dios del mal como lagartija —dice Mati y sale indignado a buscar a Leo, el zorro.

El gran zorro gobierna Kákkuo 680, si es que gobernar se le puede decir a no hacer absolutamente nada. Un zorro desgarbado, flaco de pasar hambre, pues prefiere dormir hasta que no sienta sus tripas crujir a trabajar o buscar su alimento.

Leo es la holgazanería hecha zorro. Pereza lo ha acompañado en sus últimas vidas, ya no recuerda otra forma, ahora solo sabe vivir con ella. Leo sólo demanda atención, es gruñón, quejumbroso, desagradecido y nunca toca el agua a no ser que se la den a beber, una bebida refrescante nunca está mal, pero un baño nunca. Sus pómulos salientes van bien con sus largas orejas, su cuello largo y su cola grande, despeinada y sucia.

—Vaya, vaya, qué visita tan agradable, si es mi buen amigo Mati Muy. Hace mucho que no me visitas, ya te extrañaba.

En realidad Leo no extraña a nadie, más bien extraña el provecho que puede sacar de otro. Mati lo sabe, pero no le importa, a él solo le importa rodearse de quien le dé diversión sin excusas ni remilgos, también él lo usa.

—Mi querido amigo Leo, no sabes lo que he vivido. Me han hecho rey en una esfera lejana y mis múltiples compromisos me han impedido visitarte, he tenido que amenazar con renunciar a mi trono si no me permitían un descanso, y se han asustado tanto que aquí me tienes, de vacaciones y dispuesto a complacerte con mi compañía.

Ven aquí un abrazo amigo. Leo lo mira como buscando.

—La última vez no dejaste más que revolturas y daños. Pero bueno, todavía puedes remediarlo. Mira mi gran sonrisa de verte —dice mientras finge una sonrisa de oreja a oreja, pero realmente lo que le interesa no es el recién llegado—. Me imagino que me has traído muchos presentes, digo, como ahora eres rey. ¿Y qué mundo se complace al tener a semejante Dios como su gobernante?

—No te preocupes amigo mío, mis dos sirvientes ya llegan con todo lo que he traído para ti. Manjares y bebidas de todo tipo que mis súbditos te han enviado, todo esto para que mi estadía en tu bella esfera sea cómoda y placentera.

A Mati Muy solo le importa que Leo lo acepte y sea su bufón. Leo, como buen haragán con ojos saltones y hocico babeante, de imaginarse las ricas viandas que trae su amigo le ofrece sentirse a gusto en su humilde hogar, lo que queda de un palacio reducido a las ruinas que se cae sobre sí mismo en el abandono absoluto. Mientras salta de emoción, pregunta:

—¿Y dónde están tus sirvientes?

—Ah, ya llegan, se han quedado atrás pues es pesada la carga, y no debo molerlos a golpes para que se apuren, aunque a veces quisiera, pero, ¿quién cargaría por mí todo lo que te traigo, mi buen amigo?

Mientras tanto, Iraya y Malkú apenas se recuperan de lo que han vivido.

—Vamos, Malkú, esto apenas comienza, en la Tierra todo estará bien, ya lo verás.

Lo dice solo para consolarlo pues sabe que todo allá abajo por ahora está mal y peor. De todas maneras, lo convence y van a buscar a Mati Muy. Al fondo ven una gran casa cayéndose en sus ruinas en medio de jardines que han crecido libremente a falta de un jardinero, pero que han florecido de mil maneras distintas.

—Pero mira qué abandono, Malkú… no me extraña, pues qué clase de amigos puede tener ese pelafustán.

Cuando se acercan, Leo los recibe ansioso.

—Pero qué tardanza —dice Mati Muy—. La próxima vez los azotaré tanto que olvidarán su nombre.

Los dos recién llegados, sin comprender, quedan pasmados.

—Más respeto con su amo y rey, hagan una reverencia ante mi querido amigo Leo el zorro.

Leo busca afanado las viandas sin encontrar nada. Iraya Kuku y Malkú aún no comprenden lo que pasa.

—¿Dónde han dejado mi equipaje, inútiles? ¿Lo han perdido?

Los recién llegados titubean sin saber qué responder.

—Ya no se puede confiar en nadie —se lamenta Mati Muy, apurado por responder antes que sus compañeros lo hicieran.

Leo, afanado y furioso, le dice:

—Azótalos. Tengo hambre y estoy esperando tus obsequios, me lo has prometido.

—Mi querido amigo Leo, es triste… Ya no se puede confiar en nadie, y eso que sentí lástima por ellos. Les he confiado mis obsequios para ti, y así me pagan. Esto está mal, muy mal. Pero no te preocupes, mi reino es muy rico, pronto los enviaré de nuevo por mucho más; solo déjalos descansar un poco, aunque ya sé que no lo merecen, pero un buen rey como yo también es compasivo. Parece que han sido asaltados, mira nada más su facha.

Leo, incrédulo esta vez, pero exhausto, se deja caer en su viejo colchón maloliente y rasgado.

Malkú e Iraya se miran el uno al otro sin saber si contradecir a Mati o darle la razón.

—Está bien, serán mis huéspedes, pero tendrán que hacer lo que les diga, ahora estoy cansado, tengo sueño, es hora de mi siesta.

—Algo huele mal, hay algo que se ha podrido aquí, hay que buscarlo, no soporto ese olor, qué asco —dice Malkú tapándose la nariz.

Iraya y Mati no sienten nada, pero igual ayudan a buscar de donde proviene el olor que tanto molesta a Malkú.

—Qué desagradable, no lo soporto —continúa mientras hurga sus zapatos y buscan bajo sus brazos el origen de semejante hediondez.

—Bueno, por lo menos ya tiene energía. ¿No lo crees, Iraya Kuku? —dice Mati muy estirándose para descansar.

—¿Y cómo es eso su majestad, que perdimos su equipaje? ¿Y dónde está su reino? Ah, verdad, no puedo opinar, pues soy su esclava —lanza con sarcasmo Iraya Kuku.

—Shhhhh, silencio, que si no Leo se despierta, y nos conviene dormido.

—¿Para qué nos trajiste a este lugar? A Malkú no le agrada y a mí tampoco. Qué zorro más feo y descuidado. Es un haragán igual que tú.

—¿Acaso olvidas que la madre de los mundos y Lam nos sentenciaron a siete años pasando los caminos? Pues para tu información este es uno de ellos, Leo y Malkú ya se conocen, pero no se han reconocido. Shhhhh, calla. ¿Si te la pasas protegiendo este inútil cuando aprenderá, acaso quieres pasarte la eternidad juntos? Ah ya sé, eso es lo que planeas, sé que es fácil apegarse a mí, pero olvídalo, yo estoy mejor sólo. El privilegio de mi compañía será solo por corto tiempo. Lo siento, Iraya Kuku, así soy yo.

—Ay, madre, qué dolor de cabeza con éste. ¿Acaso estamos en peligro? Yo estoy débil y Malkú está en shock, no es el momento para una prueba. Mientras Malkú desesperado busca de donde proviene ese apestoso olor que cada vez se hace más insoportable.

—¿Qué es tanto escándalo? Estoy tratando de descansar, cállense —dice Leo en un feroz grito.

En ese momento, es tal el hedor que sale de su boca que Malkú sale lanzado por los aires como si hubiera sido golpeado por un gigante. Al caer se lastima tanto que siente como si cien hombres lo hubieran golpeado. Aturdido, trata de levantarse, pero está inmóvil.

Leo tiene sobre él un poder sobrenatural y acaba de darse cuenta.

Sorprendido, Leo se levanta dirigiéndose lentamente hacia el muchacho.

—Conque has perdido los obsequios que mi amigo amablemente ha dispuesto para mí…

Malkú siente cómo los pelos de su cuerpo se erizan al sentir de cerca tanta hediondez, pero sigue petrificado, incapaz de moverse.

—¿Sabes? En momentos en que tengo mucha hambre me gustaría comerme un Dios, lástima que tú seas algo insignificante.

Mientras Leo habla sale una hediondez de su boca que, como ácido, corroe todo lo que toca.

Dirigiéndose a Mati Muy:

—Dile a tu otro sirviente que, como han perdido mi cena, tiene que cocinarme un guisado con éste —señalando a Malkú.

—Mi buen amigo Leo, no puedo hervirlo, es mi sirviente favorito…

Leo, aún más furioso:

—¿Acaso no eres rey? Qué importa un sirviente u otro.

Ordénalo o se van ahora mismo y me dejan tranquilo.

—Está bien nos vamos, Malkú este no es lugar para nosotros —dice Iraya.

De pronto, Malkú reacciona:

—¿Acaso te conozco? Tu horrendo olor me es familiar.

—Basta ya, están en mi casa y ahora no se me da la gana que se vayan, me han hecho hablar demasiado, han interrumpido mi siesta, han tratado de engañarme, me han faltado al respeto.

—Sí, ya lo recuerdo. Eres tú, León… —interrumpe Malkú y lanza una carcajada—. ¿Qué haces aquí, por qué no estás en la tierra? Jajajaja, te moriste de hambre por inútil y apestoso.

Leo no comprende, pues en su vida anterior no se preocupó por superarse ni aprender, así que su conciencia está dormida o, mejor, presa de la ignorancia. Aunque quisiera, no es capaz de recordar su anterior vida. Sin embargo, sí tiene el poder para ver en Malkú su inexperiencia en el infinito.

—No sé quién eres ni por qué me fastidias, pero aquí estás siendo el sirviente de Mati Muy, una víbora ponzoñosa que se las da de rey, no sabes cuánto me alegra verte en estas condiciones, ahora yo tengo un mundo que es solo mío y mientras tú, ¿qué tienes? Jajaja, nada.

Malkú ignora sus palabras, lo que realmente disgusta a Malkú es su olor desagradable, pues Leo no acostumbra a bañarse y mucho menos cambiar de ropa.

Por esta razón nunca se llevaron bien, ya que Malkú siendo un niño en la Tierra, acostumbraba a burlarse de su condición y jugarle pesadas bromas. Algo ocurre entre ellos que ya antes en otras vidas habían coincidido, poniéndose el uno al otro en anteriores pruebas.

La furia de Leo está desatada. Empieza por rodearlo con su gran cola, lo que deja a Malkú impregnado de un olor apestoso.

—Ahhh, no puedo, no puedo quitármelo, ayuda. Salta de un lado a otro sin poder deshacerse de ese apestoso grajo.

Es tanto que Malkú, tratando de quitárselo, se lanza sobre las flores y éstas al instante mueren. Aun las que no alcanza a tocar se destruyen, y rasgan su ropa con espinas que lo hacen sangrar. Leo se burla al ver a Malkú desesperado ir de un lugar a otro sin poder calmar su agonía.

Iraya quiere ayudarlo, pero Mati lo impide:

—Déjalo, es hora de que aprenda sólo —dice, aunque su verdadera intención no es el aprendizaje de Malkú sino despertar su ira y por este camino ayudarlo a retroceder.

—¿Quieres perder ese olor? Pues haz lo que yo quiera y te lo quitaré...

—Ayuda, Iraya Kuku, me quema, no lo soporto —grita Malkú—. Mati, por favor, ayúdame.

Pero ellos solo son espectadores en aquella extraña contienda, en la que Malkú tiene todas las de perder.

—Lo siento, querido Malkú, pero estamos en su casa y sería irrespetuoso negarse a lo que pide el anfitrión —dice Mati.

Malkú rendido cae de nuevo, tapando su nariz a la vez con sus dedos pulgar e índice para hacerlo menos insoportable:

—Está bien, haré lo que quieres —dice, sintiéndose rendido sin poder escapar.

Y levantando su pata, León le dice:

—Hace mucho no corto ni limpio mis garras. Hazlo, y podrán irse por donde llegaron.

No lo pide porque quiere estar limpio, más bien por humillar a Malkú. Con cada movimiento el olor aumenta al punto de sacar lágrimas de los ojos de Malkú. Echándose para atrás y con sus patas delanteras en posición de descanso, echadas y cruzadas detrás de su cuello, Leo sonríe mientras estira su pata casi hasta la cara de Malkú.

Iraya Kuku mira a Malkú como queriéndole hablar, pero calla. Piensa que debe soltarlo y dejar que aprenda solo. Por su parte, Mati Muy toma una siesta sobre las flores que no se han marchitado, siempre esperando un mal desenlace para el muchacho.

En ese momento, Malkú trata de no desmayarse. Toma la gran pata que destila pestilencias y pasa flores y agua fresca sobre ella, la cual se contamina a tal grado de convertirse en ácido que corroe todo lo que después toca.

Una mujer alada, Humildad acaba de llegar, y sonríe tenuemente a Malkú que, entre lágrimas la mira como implorando.

Ella de nuevo le sonríe y le dice:

—Silencio, Discernimiento viene en camino. Mientras tanto, alégrate de prestar un servicio, Malkú.

En ese momento una bofetada llega a Malkú.

—Inútil, bueno para nada, limpia bien.

Leo tiene tanta fuerza que el pobre Malkú cae como trapo mojado lejos de allí.

—Basta, me niego, maldito animal, no lo haré. Me das asco, siempre me diste asco.

A la velocidad de la luz es alcanzado por un golpe hediondo y un gas asfixiante cubre todo el lugar. Malkú cae mal herido esta vez.

Iraya Kuku trata de ayudarlo, pero Leo la deja paralizada con solo mirarla junto a Mati Muy, que se asusta al ver que la situación se está saliendo de control.

—¿Qué creyeron? —señala a Mati Muy y se dirige a él—. Aprendí que la privación y la miseria no tienen amigos. ¿Tú creíste que lo éramos? Pues no, yo no tengo amigos, solo tengo oportunidades, nada más.

Para Leo, Privación y Miseria son los culpables de su estado, pues no acepta que Pereza es la verdadera culpable.

—Si es el caso, los mataré a los tres.

Humildad ayuda a levantar a Malkú que está exhausto. Lo mira a los ojos con amor y le dice:

—Lucharás mejor conmigo, que solo, te lo aseguro. Yo te ayudaré a usar el tiempo a tu favor. Apaga tu ira, ella es venenosa y te hará daño, no la invoques. Mientras llega Discernimiento, que te dirá cómo ganar, déjate acompañar por mí y por mi amiga Paciencia. Respira hondo y toma tiempo.

Humildad y paciencia son desconocidas para él. No sabe qué hacer, en el fondo lo que quiere es arrancarle la cabeza a Leo.

En ese momento llega Discernimiento, seria y bien vestida, y le habla al oído:

—Ve, límpiale sus garras y hazlo bien de corazón. Siente pesar por él, haz bien tu trabajo, déjalo tan limpio que ni él mismo se reconozca. De esta forma lo dejarás confundido y tendrás la oportunidad de ganar la disputa.

Malkú, algo calmado y resignado, vuelve a tomar su lugar.

—Está bien, Leo, lo haré, limpiaré tus garras y a cambio dejarás en paz a Iraya Kuku y a Mati, ellos son mis amigos —dice entre lágrimas.

Leo se siente sólo, siempre lo ha estado, nunca nadie ha soportado su mal genio y su haraganería. Esas palabras le duelen y lo calman un poco también. Darse cuenta de que algunos tienen lo que él siempre se negó, le causa dolor.

Malkú toma de nuevo su lugar y empieza con sus gigantes y sucias garras, luego su cola es acicalada y su lomo peludo hasta llegar a sus largas y sucias orejas. Lo que más repulsión le causa a Malkú es su maloliente boca, allí viven toda clase de bacterias y venenosas algas que han crecido entre sus colmillos. Pero Malkú esta vez, de forma calmada, hace bien su trabajo.

Iraya y Mati Muy a lo lejos ven como Leo el zorro se transforma, no solo de forma exterior, sino que algo en su mirada cambia.

Alivio ha llegado, junto con Agradecimiento y se han sentado a cada lado de Leo. Calmadas, suaves y sonrientes miran con dulzura a quien aprende a soportar y cambiar lo malo en oportunidad. Pero hay alguien que no está dispuesta a perder su cómoda casa. Una figura aparentemente débil, lenta y descuidada que sale de adentro de Leo; se trata de Pereza, quien ahora se deja ver por primera vez.

Vestida de suciedad y harapos, mira de frente a Malkú con tal furia y ojos malignos que lo deja temblando de miedo sin poder moverse. Extiende sus oscuras alas.

—¿Quién se atreve a molestar? ¿Sabes lo que le pasa a quien me irrita?

A pesar de verse débil, Pereza irradia un poder ilimitado y aunque ella es incapaz de luchar por sí misma, deja ver a su mejor compañera: Miedo ha llegado y se ha parado detrás de Malkú, quien no la ha sentido llegar. Pereza lo mira fijamente en modo burlón.

Ahora la siente. Un pánico absoluto llega a su corazón que late tan apresuradamente que causa un dolor asfixiante. De la nada lo encierra en un mundo irreal de pesadillas y lo aleja de la realidad.

—Corre, Malkú —a lo lejos escucha una voz; es Iraya que trata de ayudar, pero ha sido bloqueada por el poder de Miedo.

Sin embargo, Malkú logra escuchar su eco, lo que lo saca por un instante de su estado. Trata de correr, pero sus pies no responden, como si él mismo pesara toneladas.

Miedo, Pena, Angustia y ahora Ansiedad se unen formando un círculo maligno alrededor de Malkú.

—Solo trata de defenderte, o de lo contrario te aniquilarán —le grita Iraya.

Su corazón empieza a calmarse y a llenarse de valor. Es el momento, Energía Espiritual lentamente empieza a mostrarse a través de él. La siente por primera vez, es el mejor momento hasta ahora de sus múltiples existencias, pues en sus básicas existencias nunca la usó, ni siquiera tuvo consciencia de ella. Aunque aun su energía es débil y exigua, se siente capaz de usarla contra sus enemigas.

Suspira profundo. Una nueva lucha inicia para Malkú, esta vez no se esconde bajo armas como pasaba en su anterior vida; ahora la lucha es cuerpo, mente y consciencia que se unen en una sola contra poderes hasta ahora desconocidos.

Malkú se concentra y ve en su mente a la Madre de los mundos, esto es porque su espíritu lo penetra todo. Encuentra valor y sabiduría. Ella le habla no con palabras sino con la flama que todo lo inunda con su fuerza.

La flama empieza a crecer en el centro de Malkú, rayos cósmicos en forma de espiral salen de su cuerpo. Ahora sus enemigas ven que no se trata de un enemigo cualquiera.

Miedo lanza todo su poder directo al estómago de Malkú, que es golpeado causándole un dolor casi mortal. Pánico hace lo suyo con su hígado, Pena golpea sus piernas y Angustia ataca su páncreas, lo que lo deja casi inconsciente y dando vueltas de dolor.

Creemos que los órganos solo están para el funcionamiento del cuerpo, pero en el infinito cada órgano tiene un poder celestial y por eso es atacado de esta forma por la maligna Pereza.

Pero el más poderoso es el corazón y este lo habita la Madre de los mundos que, al ver a su amado hijo a punto de fallecer, despierta su escudo antes de que Pereza invoque la terrible noche eterna.

Ahora todo es un caos en el mundo del zorro. Se ha invocado tanto poder en este pequeño espacio que su núcleo no lo soporta y estalla.

Capítulo 6

Malkú se prepara para la guerra de los mundos

Cuando explota Kakkúo 680, Malkú y sus dos acompañantes se encuentran frente a frente con un ángel. El ángel tiene dos grandes alas blancas brillantes, ojos café y facciones perfectas. Es blanco, imponente, mucho más alto que el ángel guarda del cielo. Los tres lo miran estupefactos, maravillados: es demasiado joven, hermoso y corpulento, aspecto autoritario contrasta con su rostro de niño bueno.

El ángel los lleva a una esfera cercana a la gran estrella mayor, situada al otro lado de un agujero negro de nuestro universo, en una dimensión distante.

—Los he llamado antes de que desaparezcan en el lado oscuro, para proteger a Malkú. Soy David, ángel de la sabiduría y seré el encargado de su estadía en mi claustro —dice con voz firme pero cordial, dando muestras de que es alguien con mucha educación.

—Y también para proteger los universos —interviene Mati Muy—. Yo no soy tonto y ya me di cuenta de que de tres esferas que he visitado con su protegido, ya dos fueron destruidas. Si no estoy mal de cuentas, eso quiere decir que estoy ganando... —se gira para mirar a Iraya y le dice— ¿Dos a cero? ¿Cómo la ves?

—Silencio, esto es serio —dice el ángel David—, aunque en algo tiene razón este acompañante maligno: ya dos esferas fueron destruidas.

No pueden ir por ahí improvisando, dejando destrucción. Ni llamando enemigos cuyo poder es ilimitado y que además ustedes no son capaces de controlar. La madre de los mundos lleva milenios luchando por mantener el equilibrio entre el bien y el mal; ahora ustedes han despertado una parte del mal que estaba oculta, el oscuro se está preparando para atacar sin piedad cada esfera que tiene vida dentro de ella. Malkú, como hijo directo de la gran madre, debe ser protegido hasta que pueda manejar a la perfección todo su ser.

En ese momento Malkú abre los ojos. Por primera vez da verdadera atención a lo que estaba diciendo el ángel.

—¿Cómo es eso que soy hijo de la gran madre? ¿Es la persona que vi en mi mente mientras era atacado? Es un ser poderoso, ¿verdad? Esto es una locura —dice entre lágrimas y risas que no puede contener.

Se siente huérfano, aun cuando le están diciendo que es el hijo directo de la madre de todos. Recuerda a su madre en la tierra, la que de verdad ama y a la única que puede ver como su madre.

—Así es, todo el poder, la sabiduría en un solo ser. Ella es el único y verdadero Dios Todopoderoso —afirma David.

—Si un Dios es mi madre, ¿por qué me abandonó? ¿Por qué me ha permitido sufrir tanto, y ser un humano común? Y pobre, además… Me hubiera hecho un rey o algo así.

—Lo mismo te digo, amigo —acota Mati Muy.

Malkú siente enojo y tristeza. Iraya Kuku lo nota y le dice:

—¡Cálmate, Malkú! O atraerás a esos monstruos de nuevo.

—Tranquila, pequeña acompañante protectora: estamos en ad-429, aquí es posible sentir emociones sin llamarlas. Han sido bloqueados por seguridad, no pueden entrar aquí. Ustedes estarán en este mundo por un tiempo, porque es prudente que Malkú aprenda a usar sus poderes de forma consciente y responsable, antes de que vuelva a los caminos.

—Basta, ¡eso es trampa! —protesta Mati Muy— ¿El oscuro o Lam saben de esto? La madre dijo que no intervendrá, ¿y cómo se llama esto? De nuevo protegiéndolo. Así quedo en desventaja para realizar mi trabajo. Exijo ver al oscuro, él debe saberlo —dice increpando a David, mientras escupe veneno y sisea.

—Calma, acompañante serpiente, si bien Malkú debe estar protegido por un tiempo, lo que haga después, y como use sus poderes, lo decidirá con total libertad. La gran madre y el oscuro saben lo que pasa aquí, no te preocupes, tú también aprenderás, y tendrás iguales oportunidades y ventajas que Iraya Kuku.

—Yo ya soy un dios, ¿acaso tampoco te das cuenta? No necesito saber más —insiste Mati Muy.

—¿Soy un Dios? — pregunta Malkú, algo ensimismado.

—Así es hijo, lo eres —le responde Iraya Kuku suavemente.

Malkú se aleja, queda pensativo como fuera de sí mismo. Se encuentran en una plataforma sin paredes de la cual se pueden ver nubes a su misma altura. Camina directo al vacío y, de pronto, se lanza.

—Ay sííí, este imbécil de nuevo —se burla Mati Muy.

—¡No lo hagas! —grita Iraya, pero ya es muy tarde.

El ángel David se llena de decepción. Sus alas que estaban levantadas ahora se bajan, como las orejas de un perro.

Malkú continúa cayendo y, mientras lo hace, recuerda sus anteriores vidas, como una cadena de evoluciones; ahora son unidas en una sola conciencia, se da cuenta de que en todas tiene dos cosas en común: demasiado amor recibido y un mal fin, siempre termina en guerras y desatando dolor por donde va.

Las mira en su mente, empezando por la última hasta llegar al comienzo. Cuando estaba a punto de llegar al nacimiento de su primera existencia. ¡Aghhhhhh! Llega el final de la caída.

El golpe ha sido fuerte, pero sigue igual, estropeado y magullado pero entero. No puedes morir cuando ya lo estás, a pesar de que sus partes están partidas como si fueran de cristal, no siente dolor.

Se incorpora con algo de dificultad, sus partes se unen y toman forma, solo unos pocos crujidos se escuchan.

Se queda ahí acurrucado, pensando, sin asimilar lo que le acaba de pasar a su cuerpo. Su mente parece estar lejos de allí.

Desde arriba, Mati le grita:

—¿Qué tal el golpecito, Malkú?

Se ríe a carcajadas y, mirando a Iraya y al ángel, dice:

—A este muchacho como que lo dejaron caer de la cama cuando bebé, jajajajaja.

Iraya llega a consolarlo y a tratar de componerle su forma humana, ya que algunos dedos no terminaron de tomar su postura original.

—Malkú, pero, cuando dejarás de ser tan impulsivo, por favor. ¿Acaso no te has dado cuenta de que habrá hechos cuyas consecuencias no podremos cambiar, así lo deseemos con el corazón?

—Este muchacho no tiene remedio, esto es pan comido —ríe Mati Muy—. Será más fácil de lo que pensé.

—Pues como Dios, les ordeno que me dejen volver a la vida, quiero volver a mi casa, con mi mamá y mi hermana.

David se le acerca. También ahora sus alas están echadas hacia atrás, pero en señal de enojo.

—Está bien. Quieres volver a la vida, vete.

Malkú camina por su casa. Esta vez todo está como al comienzo cuando se marchó, pero las cosas parecen más grandes. Se da cuenta de que es muy pequeño, demasiado. Intenta hablar y lo único que sale de su boca es miau.

—Oh, mira, má, qué lindo gatito ha entrado a la casa.

Ve a Canel acercarse; es gigante.

—¿Gatito? Soy un maldito gato, eso es todo.

Decepcionado, Malkú trata de hablarles y decirles que es él, pero solo maullidos salen, no palabras. Es un pequeño gato negro y blanco.

—Qué lindo, quedémonoslo, ¡por favor, mami!

Lo abraza y le da mimos y Malkú se siente feliz. Por un momento se olvida de su confusión, siente el pecho caliente y el corazón de su hermana, hasta ronronea.

—Mami, voy para la universidad. ¿Me lo cuidas? Dale leche o algo de comer. Qué lindo. ¡Chao gatito!

—acaricia su pequeña cabeza y lo deja en el suelo—. Espero que esté aun cuando regrese.

Malkú reacciona.

—Mami, mami, soy yo, Malkú.

Pero mamá no es muy buena cuidando animales, no porque no los quiera sino más bien porque es una distraída. Un pez terminó por error en el inodoro y después fue lavado sin percatarse o hubo un gato al que le puso insecticida en vez de antipulgas, y murió envenenado el pobre.

—Oh, no, esto no está bien, tengo que decirle de alguna manera que soy yo.

En los siguientes días Malkú empieza a probar mil maneras de hacerlo saber: se lanza por los aires dando saltos hacia cualquier persona con las patitas delanteras abiertas, toca el timbre de la casa desde la puerta o desde detrás de un mueble donde se halla oculto el interruptor, quita la seguridad de la puerta. Hace infinidad de cosas que un simple gato pequeño no haría, pero solo consigue confundirlos o hacerlos decir que el gato es raro o muy astuto.

Solo Lin un par de veces lo mira y puede ver a través de él a Malkú cuando era niño, pero apegada a la realidad de la tierra termina negándose a ella misma estos pensamientos.

De esta manera, Malkú solo consigue algunos mimos, pero nada más.

Un día prueba una estrategia extrema: se lanza tres veces desde el tercer piso, pero lo único que consigue fue romperse el hocico.

Finalmente, acepta que es inútil y decide regresar. No puede vivir como un gato en su propia casa, viendo a su madre y su hermana llorar cada día su ausencia, siendo consumidas por tristeza, quien cada vez que él se acercaba lo pateaba o lo intimidaba con su mirada. Ya no soporta todo ese tormento.

Llama a Iraya Kuku y le pide regresar.

En un instante se encuentra en ad- 429, acurrucado. Parece que allí no hubiera transcurrido un segundo desde su partida, cuando en la tierra habían pasado días enteros.

—Está bien, lo acepto, me quedo.

Lo dice serio y seco, casi amargado por lo que acaba de vivir.

—No quiero ser un gato en la tierra, no fue eso lo que ordené.

—No importa que seas un Dios, si en una esfera has muerto es imposible regresar en la misma forma, ni siquiera la madre de los mundos tiene ese poder, sería romper la cadena de la vida, el fin de los mundos, sería entregarle al oscuro lo que siempre ha querido—dice el ángel David—. Ahora te quedarás sin remilgos, sin impulsos irresponsables y aceptarás cada una de tus lecciones. No tengo paciencia para tolerar pataletas de niños; crece de una maldita vez o lárgate con el oscuro, es tu decisión.

—El oscuro no, hijo, no puedes condenar a la madre, ella te ama, de una u otra forma siempre te ha protegido, asegurándose de que en cada una de tus etapas de vida tengas las mejores condiciones. No puedes culparla de lo que solo tú elegiste —le dice Iraya Kuku.

—Pues yo de ti lo pensaría, tu mamita la vio muy fácil dejarte por ahí a tu propia suerte, descuidarte, a lo mejor con tu papi el oscuro si tendrías el poder que un Dios como tú mereces —le dice Mati Muy, intrigoso.

Malkú se queda callado, pensando, hasta que llega una bofetada de parte de David, que ha llegado al límite de su paciencia.

—Basta ya, no sabía que sería tan difícil lidiar con un futuro Dios todopoderoso. Eso ni siquiera tienes que pensarlo, estoy a punto de creer lo que dice esta lagartija sobre ti, ¿acaso te caíste y dañaste tu cerebro?

—Oye, David, estoy aquí escuchando y, por si no lo has visto, no soy una insignificante lagartija. ¿Por qué todos lo mencionan, acaso no ven que me ofenden? Soy una magnífica víbora y un Dios en mi mundo… Yo también tengo sentimientos y sufro cada vez que me degradan.

David se retira ignorándolo.

—Vayan a sus habitaciones. Mañana temprano empezamos con tu enseñanza —dirigiéndose a Malkú.

—Pero si aún no respondí.

—No me importa, vas a hacer lo que te digo —le grita furioso, y a la velocidad de la luz se acerca a su cara; su rostro angelical se ha transformado en furia absoluta—. Aquí mando yo.

Callados y como conejos tristes y avergonzados, se alejan a sus habitaciones.

A la mañana siguiente se encuentran en el salón de clases.

—Los saludo, espero que la noche haya tenido sueños reveladores y esperanzadores.

—A decir verdad, estoy acostumbrado a mejores estadías —refunfuña Mati Muy.

—Sí, así lo creo Mati, seguro tenías suite de lujo en las cavernas de Lam —replica Iraya Kuku.

Malkú se ríe.

—La verdad, yo sí necesitaba un descanso placentero y tuve bellos sueños, gracias y perdón por mi comportamiento inapropiado —dice Malkú.

—No hay cuidado, lo importante es corregir y aceptar los errores. Hoy iniciaremos tu preparación.

Y así salen y se dirigen por un pasillo de paredes blancas, demasiado altas, llenas de lujosas decoraciones, hasta que llegan a un salón gigantesco, como un auditorio.

Los tres aventureros se sienten desconcertados.

—Tomen asiento, por favor… En primera línea, pues, como ven, hoy solo estarán ustedes tres.

Malkú es el primero en levantar la mano.

—Dime Malkú.

—¿Qué hacemos aquí?

—Iniciamos tu clase.

—¿Clase? No entiendo.

—Bueno, ya te he dicho que debes prepararte para la guerra de los mundos.

—Por eso, ¿qué hacemos aquí si lo que necesito es prepararme para la guerra?

—Ay, ya Malkú… qué preguntadera —interrumpe Mati Muy—. David ni ha iniciado y tú ya adelantándote a la clase… Seguramente hoy tendremos clase de logística militar —dice seguro de sí mismo y alardeando de su conocimiento.

—Gracias por tu intervención, Mati Muy, pero en el futuro las respuestas las daré yo. La guerra de los mundos, a decir verdad, no se pelea con armas, o por lo menos las armas terrenales a las que están acostumbrados en sus esferas. Ahora la guerra será mucho más peligrosa ya que aquí las armas serán las conciencias de los contrincantes y hay infinidades de conciencias evolucionadas, poderosas y, por lo, tanto muy peligrosas. Ahora bien, tus armas serán los poderes que ya tienes, pero por desconocimiento de ello no lo sabes manejar, por eso estás aquí. ¿Recuerdan a Tristeza, Pereza, Miedo? Ellas tienen almacenadas dentro de sí todas las conciencias que han poseído, por eso su inmenso poder.

Mati Muy continúa, orgulloso:

—En mi mundo lanzamos veneno a los ojos, eso es mortal, los dejamos ciegos y después… los comemos.

—Calla. No podemos dejar ciega a la conciencia, ella no tiene ojos o por lo menos no ojos físicos y, si vuelven a interrumpir sin levantar la mano, serán severamente castigados.

Malkú e Iraya se ríen de Mati Muy.

—Silencio… Bueno, como les decía, esta será su primera lección. Tomen nota. Iniciamos con Perfeccionamiento.

Existen cuatro formas de alcanzarlo. Primero: darle valor a la enseñanza, pues sólo aprende quien quiere. La enseñanza no es obligada, por esto, ese tesoro incalculable solo lo poseerá quien de corazón y con responsabilidad la quiera para sí mismo. Segundo: Aprender a domar el ego.

—Ahí te hablan, Mati —dice Malkú.

—Basta —y como si fuera un mago, el ángel le hace desaparecer la boca a Malkú y le agranda sus orejas.

Por más que Malkú intenta recuperar su boca, no lo logra. Finalmente se calma, sintiéndose derrotado.

—Juaaaajuaaa —grita Mati, señalando a Malkú, y comienza a reírse a carcajadas de él.

—El ego nos hace débiles y confiados, cualquier enemigo te derrotará con facilidad si eres cautivo de este traidor —sigue el ángel.

Y en un segundo le sucede a Mati Muy lo mismo que a Malkú, a excepción de sus orejas, porque no las tiene.

Iraya, en cambio, sigue atenta a la lección.

—Tercero: descubrir nuestra valentía. Pongan mucha atención pues es Valentía la que despierta el poder absoluto, la energía de nuestra conciencia, de nuestro ser, de nuestro espíritu. Y, cuarto y último: aprender a reconocer los peligros. Es como reconocer a quien apenas conoces mediante estas tres cosas, por los ojos, por la voz y por su caminar. Si los ojos no mienten, la voz o el caminar pueden hacerlo, pero la combinación de las tres no. Ésta última lección la aprendí en la esfera azul de donde viene Iraya Kuku, esa que ustedes llaman Tierra, y me encantó. Ahora se las digo a ustedes: observen muy bien, sepan escuchar, habrá muchos enemigos que tratarán de engañarlos.

Al mismo momento Malkú y Mati Muy vuelven a la normalidad.

—Tarea para mañana: reflexionar sobre lo que han aprendido hoy. Los dejo, debo viajar a una esfera lejana, nos vemos amigos.

David se aleja levantando sus enormes alas y volando tan alto hasta que dejan de verlo.

—¿Te gustó la lección, Malkú?

—A decir verdad, sí. Ya me veo lleno de poder… cómo quisiera volver y hacer pagar a todos los que nos han hecho tanto daño, quizás lo haga.

—Calla, Malkú, no digas eso, que las paredes tienen oídos y el odio y la venganza te alejarán del bien —le advierte Iraya.

Ahora se da cuenta que ha recuperado su boca y Mati Muy también. Hasta sus orejas han vuelto al tamaño normal.

Iraya Kuku trata de alejarlo de esos malos pensamientos a los que ella teme.

—Pues yo, la verdad, no veo cómo vas a ganar una guerra de esa magnitud aprendiendo cosas sin importancia, ya verás cuando llegue Miedo y te dispare un rayo gigante como la otra vez y tú trates de defenderte con tus apuntes —dice Mati muy tratando de distraerlo y desanimarlo.

Iraya Kuku, en cambio, lo anima:

—No será con los apuntes, será con lo que has aprendido.

Cada día aprenden cosas nuevas, hasta que un día Mati Muy pierde la paciencia y pregunta en clase:

—¿Hasta cuándo seguiremos aprendiendo de esta forma?

—El perfeccionamiento no se consigue de un golpe —explica el ángel—. Primero deben perfeccionar la conciencia y después les enseñaré cómo sacar y utilizar el escudo. Y así les digo… una cosa es escuchar, otra es recordar y una muy distinta aplicar. También les digo que quien no acepta la enseñanza construye su propia prisión. El momento indicado para pasar a la acción no lo dirán ustedes, lo diré yo… por algo soy el ángel de la sabiduría y su maestro.

Un día de tantos, Malkú llega tarde a clase. Iraya y Mati ya están en sus lugares, pero Malkú aún no aparece. David inicia la clase sin su presencia.

Iraya, preocupada, interrumpe:

—Maestro, Malkú no está en su lugar. ¿No deberíamos esperarlo?

—Aquel que no se atrasa, no se tarda.

Mati e Iraya se miran sin comprender. Iraya Kuku insiste:

—Pero Malkú es el centro de esto, entonces no entiendo, deberíamos esperarlo.

—Aquello a lo que se permite que escape, no regresa, así es el tiempo también —le dice David sin inmutarse.

Finalmente llega Malkú, asegurando que algo le sentó mal. Mati Muy estalla en risas.

—Está bien, ahora silencio iniciaremos clase, hoy hablaremos de la energía de nuestro ser. Esa será el arma más poderosa que usaremos, ya que ella es el punto de partida para cualquier defensa o ataque, es el ser comunicándose directamente con la madre de los mundos, tocándola y creando, hecha luz. —dice David con entusiasmo, pero sin alegría—. Es allí, amigos míos, cuando convocamos toda nuestra energía, que creamos. Y de la intención del creador será su naturaleza. Sepan, pues que la energía de nuestro ser puede interpretarse o dirigirse de dos formas, para el bien o para hacer el mal. Y siempre, siempre regresará a nosotros, pues todo tiene su órbita circular, todo. La forma de usarla es a través del pensamiento concentrado, de allí que deben tener absolutamente la conciencia dirigida o enfocada en ella.

David con su pose de guerrero altivo, más que de maestro, continuó así:

—Solo así podrán ver y dirigir el fuego cósmico, que será su forma de ataque, como lo deseen. Cada vez que se manifiesten en la acción comprobarán cómo, inmediatamente, la fuente primordial de su absoluto poder, creará —levantando las manos muy alto y sonriendo al cielo, con más entusiasmo aún, repitió: —Creará.

Mientras los tres escuchan atentamente, David se acerca a Malkú y le pregunta:

—A ver, dime qué has entendido.

Malkú levanta los hombros en señal de confusión. Las alas de David caen en señal de desilusión.

Mati Muy levanta su cola, meneándola, ansioso.

—Yo, yo, yo sé la respuesta.

—Bien, dila.

—Que para usar el poder debemos estar absolutamente concentrados en él, además tener valor y que una vez el poder se haga visible el disparo será letal. Y que todo siempre regresará, todo.

Iraya, Malkú y David quedan asombrados y con la boca abierta ante la acertada respuesta de este personaje, del que en realidad no esperan mucho.

—Casi perfecta tu respuesta, alumno Mati Muy.

—Bueno, ya saben, así soy yo. ¿Pero "casi" perfecta por qué?

—Porque la veracidad del ataque no solo dependerá de ti, también dependerá del oponente y de su fuerza y de las maniobras de contraataque, a lo que deben estar muy atentos para generar la corriente necesaria.

El contraataque inmediato es difícil, aun para un dios, pues se pierde energía por cada disparo que realizamos. En ese instante quedamos vulnerables, aun para un dios todo poderoso es difícil y necesita práctica. Lograrlo les dará tiempo de reacción, es allí cuando de verdad se gana.

—Bueno, ¿y cuando iremos de la teoría a la práctica? Esas son cosas obvias, no tengo que explicarlas —replica Mati Muy, altanero.

Después de muchas lecciones aprendidas, David decide llevarlos a practicar y poner a prueba a Malkú. Los lleva a un simulador de batallas con todo un mundo creado para ello, sin que los tres aventureros sepan que no es real, para así despertar su valor, sin confianzas fundadas.

—Queridos amigos, viajaremos a una esfera que se encuentra en guerra. Nuestra misión será ayudar a sus habitantes con algo que los ha estado destruyendo.

—¿No es acaso peligroso para Malkú enfrentarse a un enemigo desconocido?

—Calma, acompañante Iraya Kuku, he escogido esta esfera porque no la considero tan peligrosa.

—Por fin, la anhelada guerra, ya queremos ver sangre. ¿No es así, Malkú? —dice entusiasta Mati Muy.

Pero Malkú no responde, aunque sabe que es un dios no se siente como tal, porque desconoce todavía sus mayores poderes.

Así es como David les crea en su imaginación un viaje y una llegada a un mundo desconocido. Al llegar encuentran un mundo casi destruido, lo que les aumenta el temor que ya traían.

A lo lejos logran ver una pequeña criatura de forma humana que se acerca rápidamente. Cuando llega frente a ellos, se desmaya. Su rostro flaco y sus grandes ojeras evidencian sus padecimientos. Es una figura demasiado débil, parece que está muriendo.

De pronto, abre sus grandes ojos verdes.

—Ayuda… —dice con su último aliento y muere en los brazos de Malkú.

Los tres buscan a David, pero no está. A lo lejos sienten explosiones y gritos.

—David, David, ayúdanos.

David llega como un rayo y los lleva a un lugar apartado.

—Qué cómodo, nos deja en el peligro y huye —le reclama Mati Muy.

—No puedo creer su reacción. Se acercó a ustedes un ser desconocido, en un lugar desconocido, y no hicieron nada. ¿Se dan cuenta que pudo ser alguien malvado y hacerles daño? ¿Acaso no prestaron atención a la teoría de la oportuna reacción? Mati Muy, como has dicho, ante lo desconocido mi reacción fue ocultarme, ya que la prudencia en la guerra es fundamental, pues la clave es conquistar, no morir. Así que regresaremos, estarán atentos ante cualquier movimiento, deben sentir absolutamente todo a su alrededor, aunque no lo vean, recuerden que en la guerra de los mundos el verdadero peligro está en lo que no se ve.

Los lleva de nuevo, recorren el lugar por un largo rato, no ven un solo ser viviente, solo ruinas de lo que parece haber sido una próspera ciudad, a lo lejos un gran lago, deciden acercarse. Sus aguas, aunque tienen un color verde amenazante, parecen tranquilas. Escuchan aullidos que provienen del lago. Parecen de un perro que se ahoga.

David despliega sus enormes alas y vuela tratando de rescatar al animal; al instante llega otro habitante de figura delgada y se posa al lado de Mati Muy. Tiene largas, temblorosas y débiles piernas, y señala al centro del agua con sus largos dedos flacuchos que casi no pueden mantenerse levantados. Temblorosos, todos ven cómo el agua toma vida y de ella salen tentáculos que atrapan al ángel y lo sumergen.

Desaparecen ambos, David y el perro. Malkú corre hacia el agua e Iraya Kuku trata de detenerlo.

—Es una trampa, no vayas.

—Pero tenemos que ayudar, ¿qué hacemos?

El hombrecito de nuevo se les acerca, pero esta vez no parece un indefenso enfermo, ahora les muestra su rostro que ha cambiado de débil a una expresión amenazante y diabólica, lo que toma por sorpresa a Malkú y lo deja en un estado de shock, inmóvil. Iraya Kuku se interpone entre los dos en posición de defensa y trata de infundirle valor a Malkú, pero él ha sido poseído por Miedo.

Mati Muy todo el tiempo ha sido ajeno a lo que ocurre, pero al ver a Malkú en ese estado de vulnerabilidad, se acerca hasta su oído y le dice:

—No puedes hacerlo, es imposible, mejor no hagas nada.

Al instante y de la nada, aparecen de nuevo en el claustro, lugar del que en realidad nunca salieron. David se encuentra frente a ellos acompañado de un gran perro pastor alemán con ojos de inocencia y presencia imponente.

—No entiendo, ¿qué ha pasado? —pregunta Iraya Kuku.

—Ella es Violet, mi acompañante. Lo que acaban de vivir realmente no existió.

—Jajaja, créanlo, los ángeles también mienten. Acostúmbrense, el mal es normal y está en todas partes —dice Mati Muy, que siempre supo lo que realmente pasaba.

Este peligroso personaje siempre sabe más de lo que dice, es como si el mal siempre le llevara la delantera al bien.

—No les he mentido, solo los he protegido de un peligro real. Esto es parte del aprendizaje.

Pero he fallado, he entrenado los mejores ángeles y guerreros de los mundos, pero con Malkú realmente me he puesto a prueba. Es difícil que un dios comprenda lo poderoso que hay dentro de él cuando en su conciencia hay tanta limitación.

Cabizbajo y con sus alas caídas se aleja junto con su acompañante Violet quien sí sale feliz meneando su cola.

Así pasan días. Mientras David medita sobre su nueva estrategia de enseñanza, Iraya Kuku recorre con absoluta calma los gigantes jardines y observa las más diversas plantas que tiene ese majestuoso lugar. Mati Muy, por su parte, dormita cual serpiente bajo la luz que refleja su estrella más cercana. Malkú, en cambio, pasa los días solo y ensimismado, sin hablar con sus compañeros.

Una mañana Mati decide buscar a Malkú y lo encuentra sentado a la orilla de un manantial, lanzándole piedras al agua y con cara de frustración.

—Al fin te encuentro, Malkú, estoy aburriéndome en este lugar. ¿Por qué no nos vamos hasta otras esferas donde haya más acción? Aquí hay monotonía.

—Déjame tranquilo, Mati Muy, ¿acaso no ves que quiero estar solo?

—Sabes, Malkú, cuando te conocí me caíste bien, eras divertido, eras un poco como yo, pero bastó con que te dijeran que eras un dios para que cambiaras. Ahora te crees más que los demás. ¿No has pensado acaso que todo esto puede ser un juego de la madre de los mundos y Lam? ¿Y si realmente tú solo eres una ficha de quitar y poner al igual que en la esfera azul de dónde vienes? Porque, que seas un dios, no creo... Ya hubieras hecho algo importante. Además, ¿quién va a dejar a un dios todopoderoso por ahí solo y lleno de limitaciones? Así es, Malkú, que no te creas tanto.

En ese mismo instante Malkú crea una burbuja color fucsia, brillante, que se agranda cada vez más y atrapa a Mati Muy. Con una fuerza sobrenatural, lo lleva hasta el otro extremo de este mundo. Con agresividad y velocidad lo estrella sobre una roca.

El ángel e Iraya Kuku escuchan la explosión desde donde están, y salen a ver qué ocurre.

—Ya ves, Iraya Kuku, de lo que es capaz tu dios Malkú. Ríndete, en él habita el mal, eso es innegable —le dice Mati Muy magullado y estropeado.

Pero David decide ir en busca de Malkú y, cuando lo encuentra, le dice:

—Perdóname, Malkú.

—¿Perdón? ¿Por qué? Tú no me has hecho nada.

—He tratado de entrenarte con base en el presente y futuro sin tener en cuenta tu pasado. Perdóname.

—Mati Muy dice que no soy un dios, que solo soy una ficha que puede ser reemplazada por cualquiera en el juego de la madre de los mundos.

—Mati Muy hará lo que sea por ganar en esta lucha entre el bien y el mal, incluso desanimarte. Más bien dime, Malkú, ¿cómo te sientes?

En ese instante, Malkú comienza a llorar como niño sin consuelo. Cataratas de lágrimas salen de sus ojos. Llora en ese momento por todo lo que antes había evitado. Su dolor inmenso está saliendo por sus ojos, el dolor de vidas anteriores brota en un solo instante. Con su cabeza entre sus rodillas y rodea sus piernas con sus brazos, como escondido, pequeño y frágil. Cuando el llanto termina, entre sollozo, dice:

—Me siento solo, siento culpa y siento dolor, además no puedo moverme cada vez que Miedo me ataca; cubre mi corazón como una coraza oscura y fuerte que lo oprime. La puedo ver cubriéndolo todo, esto lo siento dentro de mi pecho y me paraliza, no me deja ni pensar ni reaccionar. Tengo remordimientos con mi familia, sé que sufren por mi culpa, solo deseo regresar por ellos. Su dolor me ata, lo siento, desde que fui traicionado siento desconfianza hacia todos, pero sobre todo me siento poca cosa, ingenuo, tonto.

—No temas por tu familia, ellos fueron elegidos por su fuerza, la gran madre no hubiera elegido a cualquiera para que cuidara a su amado hijo. Y tú regresarás; cuando seas un dios todopoderoso una parte de ti volverá a la esfera azul a cumplir con tu misión allá y otra parte de ti gobernará los mundos, eso es lo que la madre de los mundos hará que se cumpla cuando ganes la guerra.

—¿Y si no gano?

—Eso depende de ti. En cuanto a tu bloqueo, es natural: fuiste asesinado, no esperabas que algo así ocurriera en ese momento. Debes perdonarte, a ti mismo y a quien lo hizo. Debes saber que no fue tu culpa ni la suya, tan solo fueron instrumentos del mal y del hilo de la vida.

Mientras lo cubría con sus alas como un ave que protege a su polluelo, continúa:

—No te sientas solo, ahora nunca más lo estarás, llevas dentro de ti toda la flama de los corazones de los mundos. Ahí está tu gran e inigualable poder, entiende que todo lo que existe en el universo es parte de ti, no olvides que eres el único hijo directo de la madre de los mundos y su heredero.

—¿Y tú crees que ganaré la guerra de los mundos?

—No lo sé, eso depende únicamente de ti, debes aprender cada día y cada noche y luchar contra ti mismo hasta el final. Vamos, Malkú, nada ganas con tener actitud de perdedor. Debes tener coraje, no será fácil, pero tienes que hacerlo. Los mundos ahora dependen de ti, así es que estás obligado a ser fuerte. Hoy es el día, iniciaremos un nuevo entrenamiento.

Los tres aventureros junto al ángel llegan hasta la orilla de un bello manantial: una cascada de aguas blancas, frescas y espumosas caen desde lo alto en medio de helechos enormes y las más hermosas y diversas plantas. Hay flores de colores brillantes, aves que cantan melodías suaves y adormecedoras, y en el estanque hay agua azul cristal que deja ver pececitos hermosos que nadan y juguetean sin ningún temor por los recién llegados que maravillados los contemplan. Lo más impactante es el arcoíris petrificado que brilla de un lado a otro de la cascada. El lugar es mágico, tranquilo.

—Bueno, siéntense amigos, este será el lugar elegido para nuestra conversación.

Iraya Kuku se sienta a la sombra de un enorme pino. Mati Muy se queda tendido sobre una caliente roca, mientras Malkú y David se acomodan a la orilla del agua.

Malkú pasa su mano suavemente sobre el agua tratando de acariciar los pequeños peces que nadan cerca de la superficie. Al instante un pez de los que parecen más pequeños e inofensivos muestra afilados dientes tratando de morder su mano. Malkú de nuevo queda en shock al ser sorprendido, pues un ataque es lo que menos esperaba de aquel encantador ser. Iraya es quien se lanza sobre él esquivando la fatal mordida.

—¿Qué es esto, acaso otro engaño?

—No lo es, Malkú. Sin embargo, es apropiado que entiendas que nunca estaremos del todo a salvo, en cualquier lugar siempre puede haber peligros, el mal acecha y no siempre está en el caos. Es al contrario en la calma cuando está su verdadera fatalidad, pues allí no lo esperamos. No es tu culpa ni de nadie que hayas sido atacado por el pez. Es culpa suya, esa es su naturaleza, eres tú quien en segundos debe reaccionar y activar su capacidad de resistencia y de supervivencia. Lo que pasó en la tierra te ha traumado, por eso no puedes reaccionar ante ningún peligro y más si este te sorprende sin previo aviso… Debes perdonarte. Aprenderás a ser cauteloso, a desconfiar y a observar y no tan solo mirar.

Un ciervo se acerca suavemente con confianza. Es hermoso y ellos lo miran con expresión alegre, pero cuando el animal está de frente y sus manchas blancas en la piel del pecho erguido se iluminan, Malkú queda estupefacto. Abre su boca de asombro, Mati Muy ríe, sabe que Malkú está cambiando. Iraya, en cambio, no puede ver todos los colores, aún menos que cuando era humana. Ella solo ve sombras y colores básicos porque todavía es fantasma, pero Malkú está sacando todo el poder de los sentidos. Sus ojos se agudizan, ahora ve de una manera diferente. Lo que antes pasaba desapercibido ahora era descubierto de manera asombrosa.

Malkú mira a Mati Muy y lo ve distinto. Sus colores son mucho más hermosos de lo que ha notado, los colores y las formas de Iraya también son distintos. Se levanta, camina lentamente mirando todo a su alrededor. Ahora disfruta, su forma de mirar el mundo ha cambiado.

—No es solo aquí. En tu mundo y cualquier otro no veías las cosas como realmente son, los ojos de los habitantes de algunos mundos no están evolucionados y se pierden la belleza real que, al ser un Dios, ahora estás descubriendo —le explica David.

Malkú lo mira con lágrimas de alegría en sus ojos y le sonrie.

En ese instante, sin siquiera pensarlo, sus pies se despegan del suelo que pisaban. Se eleva, atraído por el cielo, y a toda velocidad llega hasta las rocas más altas. Casi las toca, pero tiene cuidado de no dejarse atraer, pues son filosas. Se siente liviano y el viento lo lleva lejos. Grita eufórico, no puede parar, David pasa a toda velocidad a su lado agitando sus alas y lo guía de nuevo. David desciende suavemente mientras Malkú, que no sabe frenar, se estrella contra el suelo.

Capítulo 7

Natura, el vientre del universo

Malkú ha avanzado. Después de algunos logros con la enseñanza del ángel David, éste se despide y les da paso a los aventureros para seguir su camino.

Ahora son llamados desde el mundo más importante de todas, natura 213, llamado "el vientre del universo" porque es allí donde se gestan todas las vidas de todos los mundos. Solo hasta que se han desarrollado perfectamente, son enviadas a las esferas que habitarán, y una vez en ellas, seguirán su curso natural y se multiplicarán.

Al llegar, los viajeros se encuentran estupefactos: es la selva más enorme y hermosa que jamás, ni en sueños, hubieran visto. El aire, las formas y los colores son poderosos en su fuerza de atracción. No solo es la vida, es la comprensión de ella misma; su magia es absorbente, es el lugar donde realmente y sin esfuerzo se siente la conexión real de todo lo que hay en él. Aunque a simple vista están separados animales, plantas, aire, agua, tierra, se siente con certeza que son uno solo, un complejo sistema que funciona al unísono y te atrapa cuando llegas.

El aleteo de algo grande se aproxima.

—Bienvenidos, soy Philipe. Los he llamado desde natura 213 porque, como saben, el oscuro ha declarado la guerra de nuevo y los mundos primordiales para el perfecto balance son los que serán atacados primero. Natura 213, por ser el mundo de la creación, ha sido terriblemente atacada: millones de nuevas formas de vida han sido destruidas desde que el oscuro depositó su semilla del mal en ella. La gran madre me dijo que vendría su mismo hijo con dos guerreros a salvarla, eso me llena de esperanza, sin embargo, solo veo un acompañante. ¿Podría esto ser una desventaja?

Philipe tenía dos alas doradas brillantes, cabello liso y corto, grandes ojos alertas y sabios, una voz suave y tranquila, pausada como de quien sabe todo, que no necesita de adornos para ser entendido ni admirado a pesar de su sencilla apariencia. Su solo presencia era deslumbrante.

Malkú e Iraya Kuku no se habían percatado de que Mati Muy no había llegado con ellos.

—No importa ángel Philipe, llévanos hasta el lugar del combate, estoy seguro de que mi acompañante Mati Muy sintió miedo y decidió huir al comprender que soy un ser poderoso. Mi acompañante Iraya Kuku y yo venceremos el mal que ha llegado a tu bello mundo, no te preocupes.

Malkú no fue quien habló: fue egocentrismo, quien se expresó por medio de él, pero él no pudo darse cuenta.

—Lo que realmente me preocupa es su seguridad, querido Malkú. El ente que nos está destruyendo es fuerte y maligno como ninguno, es una fuerza que no tiene forma a simple vista, además ni yo mismo aún lo he descubierto. Esa es la razón por la que se hace cada vez más fuerte sin que podamos advertir dónde se encuentra realmente. Lamentablemente, yo no los podré acompañar, pues para los ángeles está prohibido el combate, para eso están los dioses y guardianes. Debo proteger a mi familia, los llevaré lejos de aquí.

La familia de Philipe estaba compuesta por su esposa Jen y sus hijas Mali y Leia. Jen era lista y de piel muy suave y ojos alegres; Philipe la amaba. Sus hijas no tenían forma humana como los ángeles, eran dos canes corpulentas de ojos mansos, una blanca y la otra café, Leia y Malibú.

—Hasta aquí los acompaño, deberán guiarse por sus sentidos de aquí en adelante. Por el bien de los mundos, les ruego: encuéntrenlo y destrúyanlo antes que haga más daño a los mundos.

Es así que los dos aventureros siguen solos por la espesa selva sin extrañar a Mati Muy, más bien con alivio por deshacerse de tan maligna compañía. Al menos así se siente Iraya Kuku, aunque Malkú echa de menos las risas.

Extasiados por las nuevas formas de vida que ven, pero cautelosos, siguen buscando sin ver nada malo dentro de tanta perfección. Hasta que, desde lo alto de un inmenso árbol y colgando de lianas:

—Pero si por fin llegan mis amigos Malkú e Iraya Kuku, ya empezaba a impacientarme por su tardanza. Sé que estaban extrañando mi presencia, pero quise adelantarme para ganar tiempo en la batalla —los saluda Mati Muy deslizándose desde altísimos árboles hasta ellos.

—Les presento a mi nuevo amigo Tom —dice mirando hacia lo alto.

Malkú e Iraya Kuku alzan la mirada y ven algo que los observaba: un diablo verrugoso de una agilidad sin igual en las alturas que, mientras se acercaba tímidamente hasta ellos, dejaba ver su enorme destreza y fuerza. Por un instante la piel de Malkú se erizó, algo en este horrible ser lo impactó y lo hizo temblar, tal vez su fuerza o su feo aspecto.

—No seas tímido, Tom, baja. Acércate más, ellos son los amigos de los que te hablé —se dirige de nuevo a nuestros protagonistas y continúa—. Deben haber estado preocupados por mí, pero ahora no teman que ya no están solos, tengo compañía y ayuda para nuestro viaje.

—Mucho gusto, soy Tom, guardián de este lado de natura, los guiaré en su viaje; aunque natura parezca hermosa, también hay aquí criaturas peligrosas y el viaje hasta el otro lado donde hay destrucción es largo —advierte, y le extendió la mano a Malkú en señal de saludo. Malkú, al apretarla, sintió como si estuviera siendo electrocutado.

—No te preocupes, Tom, nosotros no viajamos de esta manera, en un abrir y cerrar de ojos estaremos allí —responde Malkú.

Tom interviene:

—Oh no, es imposible. En natura está prohibido transportarse, aquí la vida es delicada y en este proceso podríamos hacer daño sin querer al equilibrio de natura. Debemos caminar directamente sobre la superficie de este mundo, esa es la única forma de viajar aquí.

Extrañados por la apariencia no agradable de Tom, pero a gusto por tener un guía que les muestre el mejor camino, deciden avanzar de esta forma. Juntos emprenden una caminata por senderos que llevan a gigantes valles y montañas.

—Dime, Tom, ¿qué sabes de este ser que destruye tu mundo? ¿Qué podrías advertirnos sobre él?

—Lamentablemente yo soy solo guardián de este lado, del otro lado hay otros guardianes, por esta razón no he tenido contacto alguno con quien mencionan.

A pesar de su aspecto tosco, Tom tiene voz y maneras suaves. En el camino entretiene a Iraya Kuku hablándole de las plantas nuevas que serían enviadas al mundo azul, de donde ella proviene. Tom le dice los nombres científicos y describe las especies. Tiene una respuesta para todas sus preguntas.

De esa manera, Tom va ganándose la confianza de Iraya Kuku. Otras veces hace bromas que apelan al espíritu burlón que habita en Mati Muy, y los hace reír a él y a Malkú. Aunque a veces ellos mismos son las víctimas, finalmente todos terminan disculpándolo y riendo.

En los largos días de viaje que transcurren juntos, Tom no solo se gana la confianza y el cariño de sus compañeros, sino hasta los mejores lugares para el descanso y los mejores trozos de alimento.

Iraya Kuku recuerda con nostalgia su jardín en el mundo azul, que en sus mejores años había cuidado con esmero pero que al final de su vida, invadida por tristeza, había descuidado.

Iraya Kuku había quedado huérfana de madre a tan solo cinco años de vida. Siendo una pequeña niña, su padre se volvió a casar, tuvo nuevos hijos y formó una familia numerosa. Sus hermanos siempre estuvieron en su vida de adulta, aunque por su orfandad temprana habían pasado distanciados sus años de juventud.

Libardo, el sonriente, formó una familia sólida, siempre estuvo acompañado y querido por sus hijos, le gustaba pasar temporadas en casa de Iraya Kuku en sus años de vejez; para las hijas de Iraya Kuku era agradable tenerlo allí.

Narciso, el receloso, nunca formó su propia familia, solo fue explotado por mujeres oportunistas y al final de sus años solo estuvo Iraya Kuku a su lado. Pasó años de enfermedad y soledad, murió bajo el amparo de ella, más que nada por compasión.

La pequeña Niri, por su parte, había sufrido tanto… Sobre ella cayeron todas las posibles desgracias: un hijo desaparecido —igual que Malkú—, y otro ahogado. El joven dormía cuando en el pueblo que habitaban se inundó, ella lo llamó para que ayudara a sus vecinos, sin saber que allí encontraría la muerte; ella nunca se lo perdonó, sus hijas, aunque bellas habían sido burladas, fue desplazada por las malas andanzas de su hijo favorito, él tuvo que ver con muchas de sus desgracias y, aunque Marcos, su amable y apacible esposo la amaba y trabajaba de una forma incansable, jamás lograron salir de la pobreza extrema. Por estas razones siempre fue digna del pesar y de la compañía de Iraya Kuku.

La luchadora Gladys, sola salió adelante con sus dos hijos. Dal, el silencioso, al final de sus años perdió su voz tras años de tabaco. En su madurez, Dal conoció una mujer alegre que ya tenía hijos, él los crio como suyos haciendo de ellos buenas personas, pero al final apareció muerto en su cama. Iraya Kuku pidió necropsia y en ella dictaron muerte por golpe en cráneo. Al parecer, su mujer ya tenía otro que la acompañaba.

Estrella, su adorable e inseparable hermana. Era alta, elegante y buena; se casó con el hijo de un hombre rico, pero éste nunca tuvo la ambición de su padre y siempre estuvo a la sombra de su familia. Era alcohólico, era bueno pero un pusilánime. Por último estaba Inés, la alegre que fue bella en sus años de juventud, pero, rebelde, huyó de casa siendo joven. Tuvo varios hijos antes de conocer a Joaq, un hombre próspero que le dio una buena vida. Lamentablemente ella fumaba demasiado, murió de cáncer de pulmón en la escasez, ya que sus hijos no tuvieron la ambición de su padre y padrastro, y acabaron con su fortuna.

Estos fueron sus más cercanos hermanos.

El padre de Iraya Kuku murió cuando ella aún no se había casado, fue asesinado sin deber nada, solo por creer, por una forma de pensar elegida, en los años donde exponer su posición política era firmar su condena.

Iraya Kuku se había casado con su eterno amor Bert, un hombre alegre y trabajador; un hombre al que no le importaba ver sangrar sus manos bajo un día de ardiente sol con tal de construir un buen futuro para ella y sus hijos, y para demostrarle a Eusebio, su riguroso pero buen padre, que era también fuerte y capaz como él. Bert el impaciente, pero bueno y sobre todo feliz, tenía los ojos de felicidad que heredó su amado niño Malkú, su nieto. Bert fue un buen partido para casarse, lo demostró al mantener unida a su familia contra viento y tormenta aún después de muerta Iraya Kuku, su fiel compañera de vida.

Iraya Kuku y Bert tuvieron siete hijos, contando gemelos. La bella Amanecer, de niña tenía la mirada de quien quiere volar, pero a sus quince años fue atacada ferozmente por Enfermedad, que no tuvo compasión de ella ni de Iraya Kuku, que luchó de mil maneras hasta que su mente y corazón quedaran derrotados dejándola morir sin poder hacer más. Jhon, el apuesto, quien nunca supo valorar a las mujeres que se enamoraban de él; en muchas sembró una semilla que no ayudó a cuidar, la mayoría de sus hijos crecieron sin un padre. Noar, la matriarca, fue madre dedicada y esposa ejemplar pero dentro de su ser habitaba una niña llena de miedos que la llevaba a herir a quienes la amaban. Soledad, quien murió al nacer. Juan, el consentido, que nunca aprendió responsabilidades tuvo hijos bellos que él no merecía y se alejó para vivir como quería y solo, sin saber que realmente dejaba atrás lo más valioso: su familia. Por último, tuvo a la madre de Malkú; Tico, el soñador, el bromista, quien fue perseguido y cruelmente asesinado siendo un jovencito, y Lin, la pequeña.

Iraya Kuku estuvo a punto de morir siendo joven con sus hijos aún dependientes de ella, igual que su madre. Pasó por mucho; tuvo demasiadas pruebas de vida. Después de su larga enfermedad y de quedar paralizada parte de su cuerpo por largo tiempo, finalmente se recuperó, era fuerte o tenía que serlo.

Iraya Kuku todo lo soportó con altura, era una pequeña y aparentemente frágil mujer que poseía la voluntad que muchos desearían. Sus ojos amorosos y su sonrisa no dejaron ver sino hasta el final que Tristeza la habitaba y la venció. Fue Malkú, su amado Malkú, que partió sin dejar rastro, el amor de su vida. Y Bert había dejado de ser el compañero amoroso para convertirse en un hombre que la despreciaba en soledad, pero la llevaba a la iglesia del brazo. Eso no lo soportó, su pequeño corazón ya había soportado tanto y ya a sus años avanzados pendía de un hilo. Había perdido la fuerza y ayudada por Testarudez, Tristeza la mató.

Tom lo había notado, estaba aprendiendo de Iraya Kuku, podía ver a través de ella, sabía cuáles eran sus debilidades, Iraya tenía maneras finas, pero no tenía profundos conocimientos. Tom, el diablo verrugoso, se jactaba de su sabiduría y la hacía ver como ignorante ante los demás. A Iraya no le importaba, hasta lo pasaba sin darse cuenta, pero Malkú poco a poco se daba cuenta, y no le gustaba.

Mati Muy, en cambio disfrutaba cada una de las acciones de ese diablo verrugoso, astuto, que un rato se mofaba de sus acompañantes y los hería sutilmente, y al otro rato los ayudaba y complacía como el más servil y mejor de los acompañantes que hubieran podido tener.

Malkú admiraba su fuerza y la destreza con la que se deslizaba por la selva. Si era por lo alto, parecía el más ágil mono, si andaba en tierra, se movía como un sigiloso felino, y en el agua parecía un cocodrilo, fuerte y veloz. También estaba asombrado de su conocimiento infinito de botánica, geología, biología, para él todo parecía fácil.

Iraya Kuku era inocente aún, su corazón no detectaba fácilmente la maldad, así que ella solo lo admiraba. Mati Muy, en silencio casi siempre, se sentía muy cómodo en su compañía, pero Malkú, aunque no lograba ver algo realmente malo en ese diablo verrugoso, más allá de su apariencia, aun así, se sentía incómodo.

Una mañana subiendo una empinada ladera, Malkú cansado por el extenuante e interminable viaje, le pregunta:

—Tom, ¿cómo es que hemos viajado tanto y no hemos visto daño alguno, ni tú sabes ni conoces el mal que los acecha? Tú, que eres tan sabio, ¿no deberías saber?

—¿Acaso desconfías de mí? Es lo que gano por tratar de ayudarlos.

En ese momento, Malkú recuerda lo que el sabio David les había enseñado: si los ojos no mienten, el caminar o la voz puede hacerlo, pero la combinación de las tres no.

Entonces Malkú entiende por qué era tan difícil ver el mal que acechaba a natura, porque se ocultaba detrás de Amabilidad. Aun viajando con él por tanto tiempo no se habían dado cuenta. Malkú mira a Iraya Kuku y la ve sin energía, agotada. Él mismo tiene tan poca energía que casi no puede avanzar y su garganta le duele. Hasta ese momento no lo habían notado, habían estado como ciegos sin darse cuenta.

El diablo Tom se da cuenta en ese instante que Malkú ha reaccionado, que ya no es el mismo, que su mirada es otra.

—¿Acaso ya no soy de tu agrado, Malkú? Parece que he perdido mi tiempo, la arrogancia de un dios no será lo que salve a natura 213.

En su mirada hay odio, y en ese instante deja ver lo que ocultaba dentro de él: lo habita Egocentrismo, y no está solo. También están junto a él: Cinismo, Insensibilidad e Hipocresía con sus vestidos morados. El diablo Tom era habitado por seres casi imperceptibles, pero absolutamente letales en el tiempo. Lo peor de todo es que Tom no es consciente de ellos, para él es normal tener estos despreciables inquilinos en su conciencia. Él se siente víctima de la situación.

En este incómodo momento, Mati Muy deja escuchar su ya conocido siseo, que aparece cuando es el momento del mal.

No son ellas las que inician la batalla, sino el mismo Tom que, resentido, sintiéndose humillado, deja ver su fuerza maligna. Sube ágilmente a las lianas que cuelgan, donde se siente realmente cómodo, y comienza a pasar de una a otra con agilidad, dando gritos de dolor y destruyendo todo lo que ese terrible sonido toca. Todo comienza a morir a su alrededor, es tanta su velocidad que ni Iraya Kuku ni Malkú pueden alcanzarlo y detener la destrucción.

—No puedo, Malkú, ese diablo verrugoso ha consumido toda mi energía y estoy segura que Mati Muy no te ayudará. Debes hacerlo solo, por favor, destrúyelo o acabará con la vida en natura —dice Iraya—. Fuerza te acompaña, mírala, está a tu lado, no estarás solo en la batalla.

Y así es como el nuevo dios Malkú, ahora lleno de brillo y energía espiritual, en un instante está frente a su enemigo:

—Has sido cobarde al ocultar tu naturaleza y eres cobarde ahora, no le muestres tu fuerza a quien no puede defenderse, muéstramela a mí.

Tom es verdaderamente un cobarde y no está dispuesto a perder en batalla con un dios, así que va por una presa mucho más fácil.

Orgullo ha sido llamada, y en un instante envuelve a Iraya Kuku en una esfera de energía oscura. Mientras Malkú había sido hábilmente distraído, la esfera del mal la envió hasta sus días más difíciles y dolorosos en el mundo azul.

Iraya Kuku despierta derrotada, con el pecho abierto y gritando de dolor.

—Quiero morir. Déjenme morir.

Está agotada, pues ha llegado hasta el límite del dolor físico y espiritual.

Mientras en natura 213, Tom ya no grita, sino que ahora ríe y se burla de Malkú.

—Mírala, ¿puedes verla? Ya no es tu acompañante, ahora es un ser atormentado y no puedes hacer nada. Si quieres ayudarla, pues entonces ve y para su dolor.

Malkú debe decidir si salvar a natura o detener el tormento de Iraya Kuku y aún no ha descubierto la ubicuidad. Aún está preso en muchos sentidos, así que su frustración provoca lo que el diablo verrugoso y especialmente Mati Muy deseaban: despierta la temible Ira, que llega imponente a tomar posesión del cuerpo y conciencia de Malkú.

Sin embargo, no ataca a Tom ni a Egocentrismo, ni a Cinismo: pasa por alto a Insensibilidad y a Hipocresía, y cuando Malkú ve su error, ya Ira está invocando la nefasta noche eterna.

En el mundo azul, junto a Iraya Kuku hay alguien que ya conoce el infierno de las personas y está aprendiendo a domarlo, pero sobre todo a comprenderlo y compadecerlo. Sube a esa cama fría de hospital, se sienta detrás de ella, la pone en su regazo y la abraza como a una niña pequeña, esa niña que no había podido recibir consuelo en sus noches de miedo, ahora llega con Calma y la arropa a Iraya Kuku hasta que, dormida en sus brazos, encuentra amor, el verdadero amor, el amor compasivo, silencioso, que solo está ahí para acompañar.

Unos días después, Iraya Kuku muere en el mundo azul y regresa a natura sabia e imponente. Invoca la luz de la madre de los mundos que Posee un gran escudo de energía espiritual con el que repele la noche eterna justo antes de que se haga grande, poderosa y no deje nada para natura. Iraya Kuku siempre seguirá acompañada de Amor, con su hermoso vestido blanco.

Así, Ira es combatida en esta batalla. Un torbellino de rayos de fuego lanzados por Iraya Kuku destruyen a los cobardes acompañantes de Tom, que huyen abandonándolo. El diablo verrugoso, que es lanzado al abismo por Iraya Kuku, cae atormentado con la absoluta certeza de que no causó mal y que siempre fue víctima de los demás, que era un excelente ser y que solo nació donde no fue querido.

Malkú ha sido derrotado, aún es inexperto en el manejo de sus propias emociones, lo que no le ha permitido usar sus mejores armas. Iraya Kuku ha demostrado su poder, pero quien realmente ha ganado es Mati Muy, quien haciendo poco ha conseguido que Malkú retroceda, al invocar la temible ira.

Sin embargo, Natura 213 ha sido salvada. Philipe, el ángel de la naturaleza, con su inmenso amor, restablece el equilibrio perdido en su amada esfera.

Los tres viajeros se despiden para iniciar nuevos viajes. Ahora han aprendido que el mal no siempre es visible. Antes de partir, Philipe le entrega una flor a Iraya Kuku.

—Es para ti, en tu esfera aún no ha sido descubierta: se llamará lirio Aydee, la que regresa en tu honor.

Capítulo 8

La bruja

Extrañas alucinaciones pasan por la mente de Malkú. Escucha pasos y, de repente, justo en su oído, siente que respira un demonio. El pánico lo inunda, el terror es tan fuerte que debe pedir ayuda, no puede moverse.

—¡Irayaaaa! —dice con respiración agitada.

Siguen los pasos y sonidos. Sobre el pecho de Malkú hay un peso, no puede gritar, quiere mover sus brazos, pero algo los aprieta, es imposible defenderse, lo suelta. Escucha pasos de salida y un ruido afuera.

Se ha ido.

Pero el pánico vuelve.

—¡Ayuda Iraya, Mati Muy! Algo me ataca.

Pero ella ni siquiera lo siente, no comprende. Mati Muy ríe.

Ahora tiempo después es atraído hacia un mundo lejano, donde esta vez no es un ángel quien lo llama sino todo lo contrario: es el mal que lo invoca. Malkú escucha su nombre, una voz de mujer lo llama con ansias.

—Malkú. Malkú te necesito, ven, ven a mí, mi amado dios, ayúdame.

—¿La sienten, pueden oírla?

—Una chica te está adorando, Malkú, también lo he sentido, es normal, somos dioses, Malkú… y hermosos.

Mati Muy se apresura a responder.

115

—Aunque hace poco comprendiste de nuevo quién eras, aún no recuerdas todo, aún no has cerrado la cadena, pero acostúmbrate a ser un dios y ser adorado como yo, con tantas aventuras a veces también olvido partes de mis largas vidas, esas debilidades son las que me han hecho caer, pero soy un dios, un inmortal dios, ese ser lo sabe y nos quiere adorar.

—No estás obligado a atender todos los llamados, pues no todos son reales ni sinceros —interviene Iraya Kuku—. También la escuché, Malkú, y creo que es una bruja. Ahora lo sé, es ella la que te ha estado visitando, ya me he topado con ellas antes, las hay por todo el universo, usan magia, son tan poderosas y terribles que pueden viajar a través del tiempo. Se atreven a hacer lo que ni siquiera la madre de los mundos hace. Ellas pasan conscientemente el portal, por eso están condenadas, nadie las quiere. En ningún mundo son bienvenidas, así que deben permanecer escondidas. Las brujas no pueden dejar de hacer magia, pero su magia no las beneficia a ellas mismas, son usadas por otros, esa es su condena. Siempre tienen que pagar con su propio dolor, el dolor que causan a los demás, pero no lo olvides, ninguna es buena: sea lo que sea que decidas, seremos precavidos, si quieres combatirla, te ayudaré. Mati Muy también irá, no estarás solo, son poderosas, tendremos cuidado.

Así es que finalmente Malkú decide acudir al llamado, no se resiste. Llegan a un mundo antiguo, rocoso, oscuro, habitado por hombres llenos de arrogancia y brutalidad. Es un mundo parecido al mundo azul pero su tiempo de evolución es distinto, tan lejano de su estrella que casi no le llega su luz, todo allí es lúgubre, hasta los rostros de sus habitantes que pasan rápido sin mirarlos. Hace mucho frío, todo es seco y polvoriento. Hay un viento helado, la fuerza que los llama los guía hasta un patio oscuro lleno de una bruma roja.

La ven, es una mujer de cabello negro, joven, bella, vestida y peinada para una ceremonia con un hermoso vestido rojo. Frente a ella un hombre está colgado contra una pared de rocas, está de cabeza abajo sobre el muro verde, los tres aventureros silenciosos la observan. La chica es blanca, su vestido rojo y dorado está bordado lujosamente con lo que parecen hilos de oro. El hombre está consciente atado de manos y pies, colgando, preso de un hechizo. No puede escapar, pero no se queja, no llora; su mirada parece perdida en el vacío.

Ella despliega su abanico con elegancia, lo abre y con él corta el cuello del hombre como si fuera una suave hoja de metal. Y con la vasija redonda en la otra mano recibe la sangre espesa y abundante que cae; la bebe, el sacrificio se ha hecho.

Permanece en silencio y totalmente abstraída por la energía de su víctima que ha tomado al beber su sangre.

Después de un largo rato los mira, todo el tiempo supo que estaban allí, sin embargo, había fingido ignorarlos.

—Te esperaba, dios Malkú. Bienvenido.

Aunque ella está a una larga distancia, la siente por un segundo sobre su pecho. Malkú se ve a sí mismo acostado, lo ahogan su fuerza y su peso sobrenatural. Ella está sentada en su pecho sobre él y no permite que salga ninguna palabra de su boca. La ve vieja, con poco y blanco cabello, y su cuerpo emite una luz que no es propia, como la luna. Brillante, llena de odio reluciente como si fuera un dios que brilla por sí solo, Malkú quiere gritar, pero no puede.

El brillo de la bruja no es más que el fulgor de Malkú que está siendo robado.

—¿Para qué nos has llamado? Somos Iraya Kuku y Mati Muy quienes acompañamos a Malkú.

Estas palabras sacan a ambos de su trance.

Ella se acerca despacio, dejando a la víctima atrás colgada desangrándose. Llega sonriente, satisfecha, como ebria de poder, con sus labios pintados de sangre.

Una voz suave y delicada acompaña bien su caminar femenino, mejillas rojas y ojos que miran abstraídos.

—Gracias, aunque solo esperaba un dios, está bien que haya más, no me opongo, al contrario, me agrada.

—¿Cómo te llamas? —le pregunta Iraya Kuku.

—Soy la magia que atrapa y bebe su ser, todo lo que había en él, ahora está en mí. Su rabia, tristeza, vanidad, ira o dolor, todo él o lo que tenía, es mío, aun sus posesiones. Por eso te he llamado, Malkú, tu poder me ha atraído. Nos necesitamos, ¿acaso no lo ves? Podemos sentirnos sin vernos, Malkú, tú eres el elegido para mí. Y, créeme, lo que quiero lo tengo.

Se escucha el siseo de Mati Muy; el resto es silencio.

Malkú tiene miedo, ya sintió su poder. Se da cuenta que era ella quien lo visitaba.

—¿Y para qué quieres a Malkú? ¿Acaso para degollarlo y beber su sangre como a ese pobre hombre? —le reclama exaltada Iraya Kuku.

—Ni pobre, ni hombre: era una bestia llena de orgullo, avaricia y lujuria, que obtuvo lo que quiso. Y no, Malkú es un dios, los sacrificios son y serán ofrecidos en honor a él. Sacrificar un dios en este universo es quitarle una parte importante para él. Ya antes terribles seres han osado hacerlo, solo uno lo ha logrado, la reina madre teme que el oscuro gane la guerra de nuevo y justo cuando lo había dominado. Lo quiero para que disfrute los sacrificios, son ofrendas que humildemente le doy y quiero dárselas personalmente, cara a cara, quiero ver su rostro de triunfo cuando sepa que toda esa sangre derramada es en su nombre.

Un suave, pero largo siseo de Maty Muy se escucha de nuevo.

—Malkú, ¿disfrutas estos obsequios del oscuro? —le pregunta Iraya Kuku.

Se produjo un corto pero profundo silencio.

—Pero qué tonta, Iraya Kuku, ¿acaso olvidaste que Malkú acaba de llegar de una vida violenta? Claro que lo disfruta —dice Mati muy festivo y deseoso de enganchar de nuevo a Malkú en el mal.

—Una parte de mí aún acepta el mal, he tratado de ser perfecto, pues es así como debo permanecer, pero no lo logro aún, puede tener razón Mati Muy, hace poco en mis últimas vidas viví de esa manera, puede ser que aun sea él, al comienzo me agradaba ser él —Malkú levanta su mirada al infinito y después la baja con expresión de pesar y añoranza del pasado—. Pero al final no —termina, con profunda tristeza—.

—Es que eras una bella estrella, mi niño hermoso.

—¿Una bella estrella? jajajaja yo diría una estrella muy explosiva. Por eso me agradas, Malkú, en el fondo sabes cuál es tu lugar y es el del mal —comenta Mati Muy, disfrutando el momento con entusiasmo ansioso de batalla.

—Ya dejen a mi invitado en paz —dice ella apartándolos, al tiempo que lo lleva del brazo coquetamente lejos de sus amigos—. Su lugar ahora es aquí, a mi lado, donde

Malkú será grande. Vamos, Malkú, te mostraré mi mundo, quiero que elijas tú mismo al que será tu próxima ofrenda.

Aunque parecía delicada, de forma sutil lleva a Malkú casi arrastrandolo y deja atrás a Mati Muy e Iraya Kuku. Pero ambos se apresuran a seguir a la extraña mujer que los lleva por un mundo que parece el escenario de una pesadilla. Ven de cerca habitantes que parecen zombies: hay vacío en sus miradas, ninguno parece feliz, al contrario, la angustia les marca su rostro.

—Solo pide, Malkú, escoge a uno o a quienes quieras, finalmente ellos saben que su fin está cerca y terminan agradeciendo ser sacrificados.

Pero Malkú está alerta esta vez y no se deja engañar por las amables atenciones de esta venenosa criatura.

—Ya sé qué quiero.

Malkú rompe ese silencio que ya parecía extraño. Desde hace unos minutos ya se parecía a ellos, con una cara terrible de angustia y la mirada perdida. Seguro, continúa:

—El sacrificio serás tú.

La bruja abre sus ojos asombrada, pero no dice nada.

—Qué buena elección, Malkú, realmente si es esta bella criatura la única digna para el sacrificio a un gran dios —dice Mati Muy, alabando la elección de Malkú.

Iraya, en cambio, no dice nada, pero también está de acuerdo con Mati Muy.

—Así que me quieres a mí. No me lo esperaba, pero eso me confirma cuál es tu verdadero lado en estos mundos. ¿Y cómo quieres que te honre, Malkú?

—Con tu sangre, sé que tienes mucho poder y lo quiero para mí.

—Está bien, mañana cuando me haya preparado para la ceremonia seré tuya de la manera que quieras, mientras tanto, querido dios Malkú, déjame disfrutar de tu compañía y de tu gran poder. Será un honor que bebas mi sangre, así seré parte tuya y seremos uno solo, finalmente eso es lo que quiero.

En las horas que siguen la bruja se esfuerza por agradar a Malkú, sus atenciones permiten olvidar que se trata de un ser abominable, pues más bien parece un ser inofensivo, casi tímido.

Cuando Malkú quiere descansar, no puede. Ella llega haciendo un sonido como de avión que despega y, en segundos, está sentada sobre él, apretando su pecho.

Malkú ya no siente miedo, más bien el ímpetu de la batalla, mas no puede ni moverse. La ve brillar sobre él, blanca y vieja, y luego la ve desaparecer.

Al día siguiente, después de beber y comer hasta saciarse, Malkú y sus amigos son llevados al templo de ceremonias donde todo está preparado. Lo extraño es que en lugar de un pedestal para sacrificios son tres los reservados.

—Si mal no recuerdo, bella amiga, tú serás sacrificada sola. ¿Por qué veo tres lugares listos? —la increpa Mati Muy.

—Porque no estaré sola, Mati Muy. Malkú merece más que una sola ofrenda.

—¿Y a qué hora llegan los demás? Ya quiero ver tu sangre brillar como lo haces tú en el umbral —continúa Mati Muy con un siseo.

Iraya Kuku en un instante toma a Malkú y lo aleja porque acaba de ver en el futuro próximo la destrucción total de Malkú, como una premonición.

—¿Qué haces Iraya Kuku? ¿Acaso no ves que voy a matar a la bruja? ¿No es eso lo que querías? Déjame ir, la atacaré en este instante.

—Sí, Malkú, pero no será tan fácil como ella quiere que lo creas.

Al ver la bruja que su engaño ha sido descubierto se acerca a Malkú. Camina lentamente y cuando está frente a él toma un tabaco y lo fuma cerca de su rostro. Lanza el humo al rostro de Malkú.

—¿Por qué fumas? —pregunta Malkú.

A lo que ella responde: —Porque soy mala.

En ese justo instante se contorsiona, doblando su columna vertebral de una manera imposible de lograr y con sus piernas, que pasan sobre sus propios hombros, le abraza el cuello a Malkú. Su rostro se transforma de forma maquiavélica. Este espeluznante abrazo deja a Malkú aterrorizado.

En ese momento ven que una figura gigantesca y oscura acompaña a la bruja.

—Soy Envidia, ¿ahora me reconoces? La bruja y yo somos una sola y pronto tú nos acompañarás, Malkú.

El poder de este ser es sentido por cada parte del cuerpo de Malkú, lo que lo llena de temor, una vez más flaquea.

Aunque la bruja vuelve a su máscara de inofensiva y frágil, el poder que irradia junto a Envidia destruye todo lo que está cerca de aquel mundo.

Un torbellino de fuerza oscura salido de la nada se dirige a la velocidad de taquiones y con la fuerza de gravedad que ejerce una galaxia se dirige hacia la pequeña humanidad de Malkú.

Pero Malkú ahora es un dios todopoderoso, aunque él no tenga el propio dominio su ser, lo es. El rayo lanzado por envidia no puede traspasar el escudo de energía espiritual que Malkú e Iraya Kuku han formado uniendo ambas fuerzas. Sin planearlo, con un gran esfuerzo repelen el golpe fatal, pero la fuerza es tal que los contrincantes retroceden un poco y luego son lanzados tan lejos que no reconocen dónde están: caen por el universo, en un vacío absoluto. Iraya Kuku es la primera en darse cuenta de su posición, así que invoca a Aceptación y acude en ayuda de Malkú para llevarlo de nuevo. Al mismo tiempo llega Orgullo acompañada de Mati Muy para apoyar a la bruja en la batalla que apenas empieza.

—Malkú, ¿acaso tú no tienes envidia? ¿Y tú, Iraya Kuku no la conociste? —les grita esta vez furiosa, fuera de sí misma, descompuesta y con su apariencia del mal, sus ojos diabólicos, su cara envejecida como cientos de años y su cabello escaso y blanco que esta vez no brilla.

Vuela y se detiene en las partes altas desde donde los mira con odio, es difícil rastrearla con la mirada ya que pasa con mucha facilidad de un lugar a otro.

—¿Acaso nunca has sentido ese dolor agudo y punzante en tu estómago, porque no has conseguido lo que otros sí o porque no atraes a los demás como otros sí? Sin mucho esfuerzo solamente con su carisma, entonces llega frustración y la sientes dentro de ti y la garganta te duele y los hombros se caen. La envidia está en todos, en alto o bajo grado, aunque te alegres por el bien de los demás, si al mismo tiempo sientes tristeza o dolor por ti mismo, eso también es envidia, es ella alimentándose de ti. Hipócritas todos lo son, por eso los mataré lentamente y luego me alimentaré de ellos —dice venenosa, segura, altanera.

Mati Muy zezea mientras serpentea en medio de las poderosas figuras a punto de jugar su juego favorito: destruir.

Aceptación, seria, pero hermosa, se dirige a sus contrincantes.

—Amigas mías, déjanos seguir nuestro camino, no podrías tener el ser de Malkú, eso está por encima de cualquier deseo. Deben buscar una presa común, si continúan adelante en la batalla serán gravemente dañadas. Ni siquiera Orgullo, siendo el ser maligno más inmenso del universo, tiene la fuerza de él. ¿No sienten que es un ser supremo?

Pero estos seres, como todos los de su naturaleza oscura, no tienen oídos para la razón, así que inician una lucha de poderes extraordinarios que a larga distancia parece una supernova.

Y de nuevo una lucha entre el bien y el mal se lleva a cabo en la guerra de los mundos, pero esta vez Malkú está del lado del bien, más seguro que nunca de estar en este lugar.

En Malkú ya no hay orgullo, su conciencia está cambiando cada vez más. Se está llenando de sabiduría y los sentimientos que antes lo dominaban ahora son insignificantes.

Mati Muy lo sabe, por eso está dispuesto a hacer lo que fuera necesario para ganar.

La bruja hizo toda clase de conjuros, desde las alucinaciones provocadas por gases venenosos, hasta la invocación de otros demonios. Las apariciones regresan. Al comienzo Malkú siente pánico, luego tiene valor para enfrentarla, la insulta y le grita.

—¿Cuál es tu nombre, cuál es tu nombre? —lo dice tan repetidamente, que a la bruja no le queda más que alejarse.

Cada ataque es insignificante para los grandes poderes que el hijo de la gran madre está descubriendo que tiene, poderes absolutos como tener la apariencia que más le convendría en el instante que lo quiere, pasando de ser Malkú de apariencia humana, a ser un ser alado con alas doradas inmensas que las exhibe gigantes y brillantes, terminando con su más cómoda y antigua forma... el gran danés blanco.

Al final Mati Muy emprende la retirada. En último lugar llega Ira, llamando a la bruja por su propio nombre, ese que tanto ocultó para no perder su poder ante ellos, dándoles por medio de su nombre autoridad sobre ella misma.

—A'mpar, ahora solo te quedo yo, tu Ira.

Ira saca un anillo de fuego de gran tamaño que tiene una fuerza descomunal. La bruja aúlla tan fuerte que los oídos de Malkú sangran. A'mpar es absorbida por este aro y es tal la frustración que siente que no puede frenar su propia ira y provoca una explosión más grande que la estrella más grande. Todo lo que quedaba allí, desaparece con ella.

El universo es grande y como Malkú ya es espíritu, antes de la explosión se traslada lejos.

Desde allí ve el fin de A'mpar, como si fuera un espectáculo de fuegos artificiales. A su lado están Iraya Kuku y un dios llamado Mati Muy, esta vez vencido.

Capítulo 9

Perfecta, la casa de Dios

Los días pasan de forma tranquila entre viajes y mundos. Iraya Kuku se siente cada vez más fuerte y segura con su victoria.

Malkú disfruta de su reciente descubrimiento: puede ser lo que quiere, cambiar su forma exterior a voluntad, y a veces según la necesidad, sin ser consciente de ello. Sus cambios son como parte de una máquina, su cuerpo sabe antes que su mente lo que tiene que hacer. Comienza a disfrutar de hacer bromas con sus inesperados cambios de forma y se venga un poco de Mati Muy. Lo que más ama es exhibir esas inmensas y hermosas alas cuando vuela por todo el universo. Primero estira las piernas, se inclina un poco abajo y arriba, como impulsándose, luego saca las alas desde su espalda hacia el cielo y, finalmente, bate esas hermosas alas y se eleva. Es libre y feliz, mientras el mal, Mati Muy, en una aparente tranquilidad, refuerza todo su ser y se prepara, pues eso es lo que hace el mal cuando es derrotado: se reinventa, nunca se rinde ni se da por vencido. El mal no sabe de eso, porque sabe que por cualquier pequeña grieta puede entrar y dañar.

Iraya Kuku entrena, medita y a ratos se queda mirando a Malkú extasiada.

Adán, quien es el ángel guardián de perfecta 818, les envía un angustioso llamado de ayuda. Los tres amigos se dirigen al instante.

Perfecta 818 es la esfera más grande de las que Malkú conoció hasta ahora.

Nunca había visto tal inmensidad, así que desde lejos se detiene a verla. Por su imponencia parece estar más cerca de lo que está; sentir esa fuerza gravitacional ya le resultaba difícil, aun a esa distancia.

Lo que termina de maravillar a Malkú son sus satélites, hermosas 39 esferas de colores hermosos y brillantes.

En ese instante recuerda a su madre de la tierra. Esa visión nubla la imponente vista y no hay nada que pueda hacer para evitarlo, porque nada puede con la fuerza del amor. Por eso el amor no se puede ver: porque lo que es celestial es invisible a los ojos.

Recuerda cuando, en el mundo azul, aun estando lejos de casa, llamaba a su madre y le decía que mirara la luna que él estaba viendo en ese momento. Era su forma de conectar con ella a pesar de la distancia. Antes de morir lo hacía tratando de decirle que estaba cerca, porque en su corazón intuía que pronto partiría a su verdadero hogar, el infinito.

Un teléfono timbra.

—Hola ma, bendición, ¿viste la luna esta noche? Estaba gigante y amarilla —hace una pausa para escuchar la respuesta—. La estoy pasando bien, ayer fui al río grande, estoy muy bien, mamá.

Pero no era así. Estaba arrepentido de aquel viaje, se había equivocado y tenía miedo, había empezado a llamar el infierno a aquel lugar, pero a ella no se lo quiso decir. Esa fue una de sus últimas llamadas telefónicas.

No lo puede evitar: rápidamente es arrastrado hasta allí.

En cuestión de segundos atraviesa cuatro dimensiones y así es que ve a Orgullo pasearse con sus grandes alas negras acompañada de Insensibilidad volando sobre sus casas, riéndose de todos.

Malkú comprueba que esa familia es sometida a las peores pruebas de vida. Esa familia, su familia. Aún no se había desvinculado de ellos, porque la madre de los mundos lo había llevado a un lugar de personas apasionadas, marcadas. Iraya Kuku había sido la creadora de esa familia junto a Bert y habían formado un vínculo irrompible un 25 de enero, muchos años atrás en el mundo azul. Era como un conjuro de amor del que Malkú ya formaba parte y no podía salir.

Malkú también ve que unos ayudan a otros. Unos aprenden y los otros se equivocan, pero no dejan desequilibrar la balanza, siguen luchando.

Quiere ver a Canel y a mamá. Lin lo ve en sus ya acostumbradas "visiones" como a un pequeño rubio de ojos encantadores que los busca.

Malkú ve todo lo que quiere, se toma sus atrevimientos y lo disfruta. Sabe que no puede enfrentar a Orgullo allí, debe dejarla pavonearse por ahora, ellos mismos la combatirán después, como a todo lo que los ha querido dañar. Se da cuenta de que Esperanza y Valentía brillan a su lado; también observan y le hacen un gesto de silencio.

Con esta última señal es atraído nuevamente con violencia y regresa a donde estaba a toda velocidad. Sin darse casi cuenta regresa al llamado, es absorbido totalmente por perfecta 818 y cae imantado con toda su humanidad.

Como puede, levanta la mirada. Está pegado al suelo, desde abajo ve como a un rascacielos de metrópoli, pero en realidad es Adán: un ángel de 8 metros de altura, con alas de envergadura de 16 metros que brillan como diamantes, ojos negros sonrientes y amables, cabello negro de risos quietos. A su lado, Malkú ve como cuatro grandes ojos que lo observan de cerca, debido a su incómoda posición, los preciosos querubines. Juliana, la mayor y Benji, el menor, dos alegres criaturas que no se separan de su padre Adán, el ángel guardián de Perfecta 818. El lugar tiene ese nombre porque allí está todo lo que ya ha habitado otras esferas, pero que luego se ha superado a sí mismo llegando a su última fase de perfección.

Vida animal, mineral o vegetal: todo era la punta de la escala evolutiva. Armonía y Belleza eran las ambientadoras de este hermoso lugar.

Malkú levanta lo que puede de su cuerpo con gran dificultad, aunque es ayudado por dos hermosos niños de ojos negros alegres, tímidos e inteligentes como los de Adán, su padre, y con mirada serena cómo Klau, su bella y apacible madre.

—Dejadlo, niños, apenas se acostumbrará en un tiempo a la fuerza atrayente de nuestra gran esfera. Su tamaño es poco para la fuerza de Perfecta.

—Pero es un dios, papá, ¿por qué no brilla?

Tiraban de las alas de Adán ansiosos los chiquillos, Juliana con una tierna voz pausada y gestos graciosos al hablar propias de su edad, Benjamín un poco más pequeño y mimado preguntaba con esa pequeñita voz de bebé quejumbroso pero astuto.

Y terminando Malkú de ponerse de pie con mucho esfuerzo, les muestra a los niños su brillo de dios todopoderoso, orgulloso después de haberse sentido avergonzado por su accidentada llegada.

—Déjenme darles la bienvenida, es un honor que la gran madre haya enviado a su propio hijo para defender nuestra esfera de la maldad del oscuro en la guerra de los mundos.

Como se han dado cuenta, Perfecta 818 es la esfera más grande habitada, superada en tamaño solo por pocas estrellas, pero paradójicamente su población es mínima, pues la perfección y el último escaño de la evolución son alcanzados por muy pocos. Tristemente, los mundos cada vez están más corrompidos.

Al narrarles la historia y al describirles la majestuosidad de su esfera, los lleva por los paisajes irreales de fantasía que ni siquiera habrían podido imaginar.

Criaturas como juguetes vivientes de mil colores que recrean la imaginación de los pequeños, extrañas y felices formas de vida. Animales hermosos de ojos y pieles brillantes que irradian luz. Árboles exuberantes gigantescos que se mecen con una suave brisa como si bailaran de los que colgaban frutos apetecibles, flores y hojas de colores extraordinarios. Un arroyo de aguas vivas cristalinas azules que dejan ver un fondo de piedrecillas brillantes en todas las tonalidades.

Al fondo, una enorme aldea, no enorme por cantidad sino por el tamaño de sus techos. Al bajar al valle descubren que hay enormes mansiones de arquitectura futurista con gigantes cúpulas que albergan a seres de más de 10 metros de altura que hacen ver pequeño a Adán cuando está de pie a su lado. Tienen tres ojos enormes azules y cristalinos, una calva cabeza sin orejas y una diminuta boca color rosa, color de piel bronceada y brillante, cuatro largos brazos fuertes y dos piernas largas y fuertes, pero lo que más llama la atención de los recién llegados es lo que alberga su casi transparente pecho: un corazón enorme que palpita pausadamente y a la vez se ilumina.

Uno de ellos toma a Malkú con su mano y lo levanta para llevarlo hasta esos enormes tres ojos cristalinos azules y casi grises, convexos, que reflejan todo en ellos. Como en un espejo, en ellos se ve la hermosa figura de Malkú, imponente, que comienza a brillar. En el instante de máximo fulgor de Malkú se escucha salir del corazón del gigante un ronroneo igual al de un gato feliz. El gran corazón resplandece como luciérnaga en la oscuridad. Está hablándole; su nombre es Kiu.

Se comunican por vibraciones, Kiu está feliz de encontrarse a un dios como éste, su boca es usada solo para respirar igual que su pequeña nariz. El alimento ya no es necesario, su alimento es el agua viva de Perfecta.

Adán los invita a pasar para que vean ellos mismos la causa de su angustia.

Al fondo del valle, sobre una colina, parece descansar un hermano de Kiu. Kao levita en posición de loto con sus ojos abiertos mirando fijamente y su corazón palpitante fuera de control. Pero está sin luz, apagado.

—Lleva días así, fue nuestro primer habitante descendiente de humanos, su conocimiento es vasto, por lo que se convirtió en maestro, siempre disfruta compartir su sabiduría, pero hace poco dejó de comunicarse y no volvió a enseñar, tomó esta posición y no se ha movido en este tiempo. Tememos que muera, lo que va en contra de la naturaleza de nuestra esfera, aquí todo es para siempre. Si la muerte llega, causará desequilibrio y el fin de nuestra esfera. Ha caído enfermo, pero su enfermedad no está en el cuerpo sino en la mente, y no hemos descubierto cómo combatirla. Temo que se agote y sea su final. Ayúdenlo, por favor.

Por más que hemos tratado de convencerlo no ha sido posible, no acepta ayuda, nos ignora, es como si no nos escuchara.

Pero Malkú, Iraya Kuku y Mati Muy ya conocían el motivo. De pie, detrás de Kao, con sus grandes alas abiertas, está Egolatría, que los mira con desprecio. El oscuro la había enviado y Kao fácilmente había caído en su engaño. Ella lo ha poseído, pero solo ellos podían verla por estar acostumbrados al mundo Invisible.

—Adán, niños, ya sabemos qué lo tiene enfermito, jajajajaja —dice Mati Muy mientras se desliza por entre los niños, como encantándoles, sarcástico, apresurado antes de que Iraya Kuku hablara—. El problema es que ha sido poseído por un demonio, el oscuro lo ha enviado, seguro que dijo: a Perfecta 818, la grande, le enviaré a egolatría, la grande, jajajajajaja. ¿Saben, niños, que es Ego el demonio más grande de los mundos ahora? Sí, le ha ganado a miedo que era la mayor, ahora ella domina todos los seres y es ayudada por egoísmo, juntas son dueñas de millones de conciencias. Pero, ¡shhh! No hablen, que no se dé cuenta de que ha sido descubierta, o nos hará explotar a todos. Lo peor le puede pasar a su esfera es hacerla enojar.

—Calla, no los asustes, son solo niños. Mis queridos amigos, tiene algo de razón esta serpiente llamada Mati Muy. Ella es muy peligrosa, pero estamos aquí para protegerlos —dice Iraya Kuku con voz calmada y amorosa—. Mi adorado Malkú los salvará, estoy segura.

Benji empieza a gimotear y Juliana a tirar de las alas de su padre con insistencia.

—¿Papá es cierto? ¿Nuestra casa explotará? Papá, no quiero que le ocurra nada malo, allí está mamá y nuestra

mascota Canela y mis juguetes. ¿A dónde iremos papá?
—pregunta Benjamín.

—No llores, hermano, ¿no escuchas que nos protege un Dios y su amiga guerrera? Estaremos a salvo, ¿verdad papá? —dice Juliana, sintiéndose segura en brazos de su padre.

El padre Adán amorosamente los lleva a sus brazos y los cubre con una de sus alas.

—Calma, niños, papá siempre los protege, juntos encontraremos la cura para sanar a nuestro amigo Kao.

Y como buen padre protector separa a sus niños de Mati Muy, pero éste ya había logrado su cometido: había llamado a Miedo. La astuta víbora conocía su poder más que nadie, y miedo llega acompañada de Angustia, quienes comienzan a volar junto a ellos.

Ellos no la ven, pero la sienten, perciben su veneno.

—Si luchamos contra ella aquí, le haremos daño a tu esfera, y si nos llevamos a Kao, él puede morir, así que veo muy difícil la situación, por no decir imposible —interrumpe de nuevo la víbora Mati Muy.

Y como si hubieran sentido las malas vibraciones de Mati Muy, todos los habitantes de Perfecta 818, llegan y hacen un círculo alrededor de su maestro Kao, sentados en la misma posición, pero sin levitar. Sus corazones brillan, pero el de Kao no. Lo que comienza a hacer es latir más rápido aún, como fuera de control de una forma violenta.

Adán está triste. Aunque trata de ocultarlo a sus pequeños, en su rostro hay preocupación.

Iraya Kuku al notarlo, llama a Valentía, quien no llega sola, sino que viene acompañada de Fuerza y Coraje para acompañar a Adán, a Klau y a sus querubines.

Orgullo y Miedo, al verse tan rodeadas, atacan sin previo aviso. No hay tiempo para proteger el mundo en el que están, lo único que puede hacer Malkú es activar su escudo de energía para protegerlos. Kao abre los ojos y en su mirada hay desprecio. Mira a sus hermanos, pero ellos no se mueven, solo lo observan con pesar. Quieren sanarlo, pero eso está fuera de su alcance: es él mismo quien debe enfrentar a quien lo posee.

Sus corazones ensanchados brillan bajo esa piel casi transparente, brillante y bronceada; palpitaban suaves, calmados, contrarios a Kao.

Kao no les expresa nada más, se siente un dios, piensa que es superior a sus hermanos.

Pero no lo es, tan solo es un ser elevado, pero no un dios, ni siquiera forma parte de la burbuja invisible de energía a la que pertenecen las almas puras. Sin embargo, Egolatría lo hace alucinar y lo hace estar convencido de ser un dios.

Lo había hecho imaginar un mundo irreal, hecho a su gusto, lo que lo convirtió en un ser egoísta, demandante en atención, que critica con facilidad, malhumorado y arrogante. Todo esto había enfermado su corazón, su órgano principal, y con él a todo lo demás.

Y fue en ese instante que Egolatría llamó a sus hijas, malhumor, arrogancia y autoritarismo llegaron con testarudez para ayudar a su madre en la destrucción de Perfecta 818.

Entonces, estos monstruos crean una esfera de fuego azul que se eleva a lo más alto y después se deja caer con una fuerza absoluta. Perfecta 818 tiembla aún sin recibir el impacto.

La explosión, extrañamente, no daña nada allí. Adán, en su sabiduría, sabía que Perfecta 818 era inmune a cualquier ataque de este tipo; lo que le preocupaba eran sus habitantes que, aunque perfectos, en sus cuerpos eran vulnerables a los sentimientos y a los ataques del mundo invisible ya que éstos llegaban directamente a su corazón.

Su verdadero temor era la muerte de Kao, eso no debía suceder. Malkú e Iraya Kuku lo sabían y rápidamente protegieron a sus habitantes.

Aquellos monstruos tratan por todas las formas de asesinar a Kao y casi están a punto de hacerlo, ya que Kao no permitía ser protegido por la burbuja Blanca ni por el escudo espiritual, por estar totalmente convencido de su inmortalidad y divinidad.

Aunque no había sido dañado severamente, poco a poco se hacen visibles en su cuerpo las marcas del ataque, lo que le da una apariencia envejecida y enfermiza. Mati Muy se divierte con cada ofensiva de la que son víctimas.

Egolatría, batiendo sus alas, se eleva hasta el más próximo satélite de Perfecta y, desde allí, lanza un torbellino de viento oscuro que, con toda su fuerza, se dirige como golpe final hacia el corazón de Kao. Es tal el tamaño y la fuerza de esta espiral que Malkú, Iraya Kuku y Mati Muy no reaccionan, quedan estupefactos al sentir tal poder. La única que está allí, imponente, interponiéndose entre Kao y Egolatría, es Humildad.

Humildad ama a Adán y no permitiría que le ocurriera algo malo a su amado mundo. Ella es pequeña y sensible, pero escuda a Kao y a Perfecta 818 y logra devolver el tornado a su punto de salida. El satélite explota; Orgullo, que no soporta el gran poder de Humildad, huye abandonando a Kao, dejándolo sin fuerzas, con su corazón casi apagado pero vivo.

De los ojos de Kao brotan lágrimas de dolor. Él también se siente derrotado, entiende que no es un Dios y se siente pequeño y herido.

Juliana y Benjamín vuelan en su ayuda, secan sus lágrimas y lo invitan a seguir de nuevo, por una vida larga, sin final, ya que ahora es más que antes, pues ha aprendido algo nuevo. Ha aprendido, gracias a la derrota, la más grande de las lecciones: la aceptación. Sin que ello signifique la derrota, más bien la búsqueda del cambio.

Adán vuela a su lado acompañado de Certeza y Coraje, le extiende su mano y lo invita a ser él de nuevo, el Buen Maestro Kao.

Las hijas de Egolatría, ahora solas, sin su madre, son insignificantes. Iraya Kuku las vence y, con solo una mirada de Malkú, huyen tras su madre.

Capítulo 10

Amada Elizabeth 1213

—¿Escuchas, Iraya Kuku? Mi madre santa, ¡sí que es lejos! Olvido a veces que no hay límites para la distancia en este universo.

—Llora, pobrecita, es un alma pura. Ayúdala, Malkú. Es un Ángel guarda de mundos, siento su energía blanca —dice Iraya Kuku.

Después de un siseo, Mati Muy añade:

—Hay distancia entre nosotros y el chico querrá hacer un tour en esturión 12340, y yo voy con impaciencia.

—Una niña, es rubia, rosita, está triste —dice Iraya Kuku, tocando su corazón, angustiada.

—Estupendo, aún no hemos ido en esa dirección —responde Malkú—. No importa lo que diga Mati Muy, esta vez nos detendremos cada vez que quiera, no me canso de ver el universo… es hermoso. Y pensar que todo esto es mío —dice mientras mira el firmamento y termina su frase con un suspiro.

Malkú vivía extasiado y orgulloso de ser un Dios, y empezaba a soltar y a vivir.

Sin embargo, en la tierra un huracán de demonios reina, tratando de consumir todo lo que Malkú ha amado allí, interponiéndose entre ellos y sus sueños.

—Aún no, chiquillo, aún lo comparten la reina madre y el oscuro, te falta mucho por hacer y aprender para ser el todo poderoso, aún eres nada —le replica Mati Muy, siseando.

Malkú ignora esas palabras, aunque las ha escuchado bien.

Tana era una hermosa Ángel rubia, de ojos tristes y una boquita preciosa, mejillas rosadas, sus alas doradas lucían perfectas, bien peinadas, brillantes. Todo en ella parecía perfecto, su ropa, sus zapatitos impecables; es cuidada y amada.

En cuanto la ven, Malkú, Mati Muy e Iraya Kuku se dan cuenta. Tana, el Ángel guardián del mundo Amada Elizabeth 1213, donde habita la Mera, la burbuja blanca de las almas puras, estaba poseída por Miedo y Rencor. Sus ojos gritan por ayuda, es terrible ver a esa pobre niña presa de esas bestias.

En cuanto llegan al lugar, y antes de ser sentidos por el Ángel, Mati Muy se desliza hacia Miedo y se juntan como imán y metal envolviéndola, serpenteando y siseando. Mati Muy se siente extasiado, Miedo tiene una energía poderosa y Mati Muy se alimenta de ella. Imponente se halla Miedo, detrás de Tana, con sus alas levantadas y sus brazos cruzados, su pecho erguido, con su oscuro vestido morado, sin dejarse ver por la niña, pero tomando de ella su luz y haciéndola sentir sola, abandonada.

Malkú e Iraya Kuku, acostumbrados a estos seres, la ignoran. Malkú decide ignorar a Miedo porque él podría llamar a Orgullo. Solo se dejaron llevar por la imagen deslumbrante del Amor en su forma más pura y visible: la Mera, la última morada de las almas celestiales. Todo ese poder estaba contenido en esa pequeña burbuja casi transparente que irradiaba amor, dulzura y, a la vez, era absolutamente vulnerable.

Tana se encontraba tendida sobre la nube, pensativa, abstraída, y aquella masa casi transparente que inocente y feliz la sostenía, no comprendía el peligro en el que se hallaba.

—Tana, soy Malkú. Estoy aquí con Iraya Kuku y Mati Muy. Queremos ayudarte, tu tristeza fue escuchada desde muy lejos, mi madre nos ha enviado a consolarte.

Tana reacciona y lo mira con sus ojos llorosos, presa de pánico; la pobre solloza, pero no habla.

Miedo, al sentir la reacción de Tana y la oscura energía de Mati Muy, despliega sus alas y, como águila que lleva su presa, se levanta victoriosa, llevándose a Tana, quien no lucha por su vida.

Angustia y desequilibrio estaban cerca, acechando, sin su Ángel guarda, Amada Elizabeth 1213 queda expuesta a cualquier ataque del lado oscuro.

Las delicadas burbujas de almas puras han perdido su escudo: Tana. Era lo único que las protegía de incautos que ahora, al poder fácilmente verlas, tratarán de tocarlas y violentar su naturaleza, lo que las hace desintegrarse al instante y morir.

Malkú empieza a sentir dolor, pero no es por el ataque. Ahora Malkú es parte de un todo, se está volviendo un Dios todopoderoso y esto lo hace sentir con intensidad. Su omnipotencia y omnipresencia no solo son armas, también pueden ser debilidades.

Al ser parte de un todo, con su poder no puede liberarse de Dolor. Dolor fue hecha para torturar a todo ser, en mayor o menor cuantía, en tiempo o intensidad, sólo él está obligado a acompañar a cuanto tiene vida. Se nace en medio de él y se muere también en su compañía.

Tana sintió dolor y su dolor fue tan fuerte que llamó a Miedo y la bestia aprovechó y se quedó y se hizo grande. Tana nunca dijo nada ni nadie le preguntó. Malkú apenas acaba de darse cuenta.

Se ve siempre tan hermosa, tan cuidada, sus alas deslumbran, ¿quién podría darse cuenta que en sus ojos quien mira es Tristeza, que convive con el insaciable Miedo?

Esas almas puras que con esmero Tana cuidaba, les serían llevadas al oscuro. Si esto pasaba, él obtenía poder, su energía era exquisita para él.

Malkú, con la ayuda de Iraya Kuku, cuidan angustiados que algún orificio de esa dimensión no se abriera de pronto. Temen que algún mortal que tuviese el poder de ver lo invisible la viera y así la burbuja fuera descubierta.

Pero todo sucede tan rápido que esto empieza a ocurrir y ellos no son capaces de proteger todo el lugar.

Mati muy está encantado con Angustia, una vieja amiga suya. Extasiado se enrosca sobre ella, tomándole un poco de poder, de todas sus interminables conciencias atrapadas y ella lo envenena un poco más. Desequilibrio, en cambio, vuela en círculos sobre ellos.

Y sí, el oscuro logra ahora su cometido, en varios mundos habitados por mortales ya se habla de extrañas burbujas o nubes transparentes que flotan con vida propia, que no solo pueden ser vistas, sino también sentidas. Como consecuencia, dos hermosas y valiosas Meras son violentadas y mueren.

Ellas no debían ser tocadas, cualquier ser contaminado de algún mal sentimiento la mataría al más mínimo contacto.

Y en el momento en que eso pasa, Malkú siente un dolor tan profundo que llega a las náuseas. Luego viene la sensación de mareo, se pone pálido, y de pronto, cuando cree que se desvanece de dolor, cuando estaba en el punto límite, llega Alivio junto con Aceptación, y lo toman en sus brazos. Respira profundo, ahora extrañado de pasar de mil a cero en instantes.

Una luz cegadora detiene por un momento la contienda y saca a Malkú de su estado: es Amor, quien, recién llegado, se muestra imponente, hermoso, vestido con su inefable traje blanco.

Iraya Kuku lo había invocado, pues ella era dueña de él, era su propietaria. Amor lo sabía y por eso la veneraba y siempre la había mantenido rodeada por él, aunque ella no lo hubiera visto. Ahora es el momento, Tana debe regresar para devolver el equilibrio a la amada Elizabeth1213.

Malkú se llena de valor y brilla como nunca antes.

Busca a Miedo, que llevaba presa a Tana. Al darse cuenta y al ver a Malkú iluminando con su resplandor la oscuridad, la libera para evitar un ataque.

Tana abre sus ojos llenos de Aceptación y Sabiduría y brillan de nuevo. Vuela junto a Malkú hasta su esfera donde restablece el equilibrio. Ha perdido dos de sus hijas únicas e irrepetibles: Rencor se las ha llevado, pero ahora llena de Amor solo quiere buscar más almas puras para su mundo. Debe tratar de llenar pronto el vacío, recuperar el tiempo perdido.

Miedo, cobarde, huye dejando atrás sus aliadas, que son absorbidas por una fuerza tal a la de un agujero negro. Malkú abre su pecho y descubre que esta fuerza está dentro de él. Con mucho esfuerzo abre sus costados con sus propias manos y se da cuenta de que bajo su pecho se esconde el más poderoso agujero negro que se pueda encontrar en todo el universo. La fuerza no solo puede llevarse a los demonios, también hasta al mismo Malkú y todo lo que hay ahí puede quedar atrapado. Es difícil para él controlarlo.

Iraya Kuku y Mati Muy ya no se asombran al ver cada paso de Malkú, pero esta vez los deja boquiabiertos. Incluso a un Dios del mal como Mati Muy, que luego serpentea hasta Malkú y lo envuelve suavemente, oliéndolo con su lengua bífida. Malkú, exhausto por la batalla, lo tolera a gusto.

Tana renace sublime, bella, llena de amor y ternura, como realmente es. Y su hermoso mundo, Amada Elizabeth1213 renace con ella.

Mati Muy ha conseguido dos almas puras para el oscuro; una vez más, gana.

Capítulo 11

Acua 1230, un nuevo mundo

Más allá de toda distancia posible, de todo límite, lo están llamando con su canto.

Ela ondea su precioso cabello oscuro, brillante, suave, a juego perfecto con su cara preciosa, sus grandes ojos oscuros amorosos, brillantes y esa hermosa e iridiscente azul larga cola de alacona.

Parece mágico, con vida propia, su cabello va y viene con las ondas de agua, siempre perfectas sin perder su forma.

Ela, mitad humanoide, mitad acua, pertenece a la casa Real de alacones, ellos llevan la delantera en el camino evolutivo de Acua 1230, mundo acuático del universo.

Ela no lo sabe, pero su mundo corre peligro. El oscuro quiere capturar para sí la belleza mágica de Ela.

Las dos preciosas vocecitas se hacen oír en coro pidiendo ayuda: no es Ela, son sus hijas las que llaman a Malkú, de inmediato él siente la magia de su llamado.

Antonella y Valeria, caritas dulces, ojos de amor. Una tiene los ojos amorosos de su madre, brillantes, cara de inocencia; la otra, los ojos vivaces de su padre, preciosa criatura enigmática.

—Es abrumador ese canto, en él encuentro amor puro y sublime. Nunca había escuchado algo así, no sé si quiero llorar o reír, pero de mis ojos salen lágrimas. Aunque fuera letal, solo por escucharlo iré —dice Malkú, mientras llora con un llanto que no tiene dolor, sino más bien alivio y nostalgia a la vez.

Los ojos de Iraya Kuku lloran de emoción al escucharla. Por una vez más, experimenta esta emoción, el amor de madre, en esta nueva forma de vida en la que se la ha despojado de esa faceta. Y se queda en silencio, extasiada.

Y sucede que, al sentir amor por los suyos en el mundo, es atada de nuevo, y regresa allí.

Ha pasado un tiempo para la tierra, ella ahora como guía y compañera de batalla de un Dios, no se había dado cuenta, no recordaba los límites del tiempo en la tierra. Mientras se acercaba, su pecho latía, temía ser vista pero no podía evitar seguir adelante, solo caía en picada.

Y allí están de nuevo volando sobre ellos —malvadas, batiendo sus enormes alas— Orgullo, Miedo y Debilidad, que se alimentan de reproches, remordimientos y preocupaciones. Sin embargo, lo que más atemoriza a Iraya Kuku es la cantidad de pequeños demonios que vuelan con ellas. Desde Arrogancia y Frustración, hasta Desesperanza las acompañan.

Iraya Kuku pasa por entre ellas a toda velocidad, apenas si sienten el golpe del paso de un mundo a otro y siguen haciendo círculos con sus monstruosos rostros, acechando en el aire como buitres esperando la carroña.

Y una vez que está allí abajo se mantiene calmada e imponente, ahora es una guerrera, ya no es una anciana vulnerable y fácil de engañar.

Los mira a todos: siempre había estado orgullosa de sus hijos, demasiado para ver sus debilidades.

Fuerza y Amor aún están entre ellos, pero no puede evitar sentir un profundo dolor cuando ve a Desolación y Angustia sentadas en la sala de su casa. La carga es grande, demasiado, estos demonios ahora viven con ellos y se hacen grandes. Coraje podría no soportar más en la batalla, pues se está debilitando.

Ahora no solo sus hijos deben enfrentar la crueldad del oscuro, sino también lo que más adora, sus hermosos nietos, empiezan a sufrir en carne propia la guerra de los mundos. Ahora ellos están siendo atacados.

No debía estar allí, aún ella no había aprendido a manejarlo, a soportarlo y por eso fue presa de lo que sintió una vez más. Tristeza llega, sigue tratando de terminar lo que había empezado con Iraya Kuku cuando vivía en la Tierra y cuando estaba a punto de arrastrarla para el lado oscuro. De nuevo el canto celestial es escuchado por ella y eso la atrae a toda velocidad hacia el cielo. Sube, de nuevo, pasando entre los demonios, que esta vez sí la ven y tratan de alcanzarla, pero ella los esquiva y atraviesa sin antes darles un golpe certero con una lanza, su nueva arma y aniquila a algunos. Atraviesa el universo en un segundo hasta ella. Llega hundida en la tristeza, Impotencia la acompaña, ahora más que nunca ya no puede hacer nada por ayudarlos. Es paradójico: combate el mal al lado del futuro dios de todo cuanto existe, y, aun así, su poder es inútil donde más desea luchar.

De nuevo en Acua 1230, un mundo totalmente hecho de agua dulce. Es un océano absoluto, una circunferencia de un líquido que nunca se derrama y que tiene, en sus miles de kilómetros de profundidades, una vida fabulosa.

Los seres que ocupan la punta de la escala evolutiva allí son las alaconas, mitad humanoide, de la mitad hacia la cabeza, y mitad forma de cola de mamífero acuático. Son una única familia o linaje real. De todas, Ela es la más bella, por eso el oscuro quiere robarla, él mismo, por medio de la noche eterna.

En todo el universo se habla de estos mágicos seres como seres míticos: en la tierra las llaman sirenas.

Mati Muy se enrosca. Quiere a Ela para sí mismo. Como buen representante del mal, es egoísta y Orgullo siempre lo acompaña. Si el oscuro la quería para él, a Mati Muy poco le importaba, si tenía la oportunidad, la atraparía para sí mismo.

Antonella y Valeria, sacerdotisas y sabias, lo habían predicho. Y la hora había llegado. Para salvar a Ela, Malkú debía enfrentarse esta vez a la noche eterna creada por el mismo oscuro.

Esta vez Malkú ha tomado forma humana para entrar en las profundidades y encontrar a Ela. Le siguen Mati Muy e Iraya Kuku que, de igual manera, de cabeza, se lanzan hacia las aguas a toda velocidad.

Cuando la ven, tímida, bailando entre peces hermosos, lo comprenden: Ela no está sola, la acompaña Miedo, que nada a su lado como rémora, o más bien como señal.

Y, detrás de Miedo, un ejército de demonios que esperan regocijarse con la noche eterna consume su magia.

Así es, Malkú no solo se enfrentaría al oscuro, sino que todo un ejército de demonios también intervendría.

Malkú primero siente a Miedo. Ella lo alcanza en el momento del impacto de llegada, dejándolo ingresar tan solo unos pocos metros aun a su gran velocidad. Al verlo, lo toma de su tobillo y lo lanza a través del agua con tal fuerza que Malkú sale arrojado hacia el vacío del universo por el lado contrario de donde entró. Miedo tiene un poder infinito en ese lugar, por lo que Malkú queda aterrado.

Al mismo instante llega Valentía y vuela a su lado. Lo mira a los ojos, desafiante, luego se lanza en picada con sus alas hacia atrás y, como una bala, atraviesa la superficie oscura y Malkú deja de verla.

Malkú por un instante se detiene, dejar salir sus alas, luego las encoge hacia atrás y se lanza como Alcatraz que va de pesca.

Esta vez se oculta, apaga todas sus emociones y así no puede ser sentido.

En las profundidades se desata una lucha feroz entre dos: Iraya Kuku y Mati Muy se enfrentan en una lucha encarnizada; no solo pelean por Ela, también por Malkú.

Malkú pasa por su lado sin ser visto por ellos, que median su fuerza y destreza por primera vez de tal manera que el agua se agita hasta la superficie, aunque se hallan a cientos de metros de profundidad.

En la oscuridad de las profundidades, Miedo lo espera y Malkú llega con valentía juntos la enfrentan. En medio de la lucha, Acua 1230 es casi destruida, maremotos sacuden y golpean contra el agua furiosa, Miedo está seriamente herida, cuando a lo lejos sienten llegar la noche eterna: lentamente se acerca invadiendo la misma oscuridad ya presente, sus quejidos estremecen a todo en cuanto lo sienten y Malkú no es la excepción, siente miedo dentro de él, no solo es la noche eterna sino que allí está él, el oscuro, el supremo amo del mal.

Malkú tiembla, a pesar de que su lado está ganando. El sonido que se produce es terrorífico, todo se pasma al oírlo.

Iraya Kuku da por terminada la pelea con Mati Muy y busca a Malkú aunque ninguno ha vencido.

Las miradas de Malkú e Iraya Kuku se cruzan. Al sentir la noche eterna llegar temen por sus almas.

Mati Muy, al quedar solo, había ido por Ela. Él tiene la delantera, no teme por su alma, está loco: un cóctel de demonios se había apoderado de su conciencia casi desde su creación y de eso hacía 12000 años. Había estado 1104 años en el infierno, sabía que ya era inmune, era un Dios, un Dios del mal.

Ela, inocente, juega con pequeñas y coloridas medusas, sin darse cuenta de que Mati Muy la mira con sus ojos verde profundo.

Se desliza hacia ella, siseando con su lengua bífida. Valeria y Antonella, guardianas de su madre, lo distraen con su canto:

Mati, Mati Muy

Verde, verdes tus ojos

Tus colores son hermosos

Tu insignia fabulosa

No nos hagas mal

Dios del mal

Serpiente venenosa

Siempre poderosa

Invocamos a tu espíritu

Ese que hay en ti, ese que eres tú.

No dañes nuestra madre

Por nuestro poder

Invocamos a tu ser

Cálmate

Calma tus ímpetus

Cálmate…

Y mientras encantan y amansan a la fiera con sus voces mágicas, Malkú llega. Mati Muy estaba hipnotizado.

—Si la envenenas, no tendré piedad, Mati Muy, te mataré —lo amenaza, determinado a destruir a su propio amigo si era necesario para proteger a Ela.

Mati muy abre sus ojos, Malkú con sus palabras había roto la magia. Lo mira y luego mira a Ela, inmóvil pero alerta, siseando, y mostrando su lengua.

Por un instante se olvidan del verdadero peligro. La noche eterna y el oscuro se acercan.

Ela no puede verlos, una batalla astronómica está sucediendo en su mundo y ella, inocente, no puede verlo. Lo peor, no solo podría ser destruida ella, sino también su mundo, Acua1230.

Iraya Kuku llega hasta ellos.

—No es el momento para lucirse, hay que impedir que llegue hasta aquí como sea —dice, dirigiéndose con rostro desafiante hacia Mati Muy.

—Si no vas con nosotros y nos ayudas a detenerlo, Malkú y yo juntos te lanzaremos de nuevo al infierno, no lo dudes.

Mati Muy haría lo que fuera por no regresar a la fosa junto a Lam, aún perder esta oportunidad de robar magia, magia pura, el alimento más amado por los dioses.

Si era atrapado en batalla, con el oscuro podría tener oportunidad. Era mejor, incluso, convertirse en el vasallo del oscuro que ser asesinado por Malkú, porque en ese caso sería enviado directamente con Lam.

Así que no le queda más remedio que unirse a Malkú y a Iraya Kuku para concentrar la suficiente energía y repeler la noche eterna. Si logra destruir a Acua1230 en el proceso se da por bien servido.

Malkú llama a un ejército de dioses del mundo invisible para evitarlo, debe alejar al oscuro de ese mundo o sería destruido.

Muchos guardianes de mundos distantes asisten rápidamente: quieren dejarle al oscuro un precedente, no permitirán que se apodere de sus mundos.

Pero la noche eterna es demasiado poderosa, solo queda sentir miedo. Cuando ella se acerca en medio de la nada, solo se escuchan llantos que erizan la piel de quienes la oyen. A lo lejos brilla una pequeña gota feliz y roja.

La furia... —solo alcanza a gritar Mati Muy— es una furia. Hasta él se estremece. Alguien la monta.

—¿Imposible? ¿A una furia? —Iraya Kuku no puede creerlo—. A esas bestias nadie puede domarlas.

—Mi amo, sí —responde Mati Muy.

Al instante, una llama se estrella contra un pez que nada a su lado, dejándolo achicharrado incluso bajo el agua.

Han perdido la percepción de arriba y abajo. En el estallido se dispersan, tratando de esquivar el ataque, sin saber si nadar, volar, flotar o simplemente caer.

—¡Madre, ayúdanos! —grita Iraya Kuku.

Solo la Madre de los Mundos la hace volver; solo le queda a Iraya Kuku implorar por su ayuda.

Malkú y sus amigos derrotan a los demonios. Algunos son consumidos por la energía que despide Malkú al intentar inútilmente alejarla, y otros huyen.

Pero la noche eterna no retrocede.

Avanza lentamente hacia las profundidades, donde se encuentra Ela.

A la cabeza del ataque va él. Por primera vez, Malkú lo ve: es su padre.

Va montado como vaquero sobre aquel monstruo de fuego con forma de caballo de mar.

El oscuro tiene una figura alta, muy alta; delgada; cabeza pequeña, más bien diminuta en comparación con su cuerpo.

Casi humano, blanco, pálido. Cabalga sobre ese monstruo que escupe fuego; toda la furia del universo está atrapada en este ser, y se ve a simple vista.

En cambio, el oscuro no muestra en su forma la absoluta maldad que posee. La oculta detrás de una sonrisa burlona, casi impuesta. Lleva pantalones largos para sus piernas larguísimas. Un sombrero ancho cubre su pequeña cabeza, y en sus ojos negros es imposible ver sentimiento alguno: reflejan el vacío de la oscuridad absoluta.

Lo único visible de su alma es un halo de energía oscura que emite como radiación por todo su cuerpo.

Todo a su alrededor se detiene. Las corrientes dejan de fluir. La quietud de aguas, que parecen mansas, pero ocultan un peligro en su interior, queda como estela a su paso.

Malkú lo siente llegar. Queda pasmado. De nuevo, su cuerpo no responde.

Iraya Kuku se deja arrastrar por un momento de resentimiento y venganza, que la empuja hacia la profundidad. Aprovecha el odio que siente por el oscuro, pues lo culpa por su desgracia, la de Malkú y la de su familia.

Mati Muy hace una reverencia. Su rey ha llegado.

El oscuro avanza, y con él la noche eterna.

El canto de las alaconas vuelve a escucharse, esta vez con más intensidad. Su grito de auxilio es oído en todos los mundos.

Y de pronto, ella: la Madre de los Mundos. Con su absoluto resplandor, se interpone entre el oscuro y Ela. Ha decidido intervenir, ya que Malkú aún no representa peligro para el oscuro.

Una voz, como eco en caverna, dice:

—Amada mía, no es Ela a quien quiero de verdad. Es a Malkú, y tú lo sabes.

No permitiré que su poder alcance la cumbre a tu lado. Será a mi lado que Malkú gobernará el universo. Hoy soy más fuerte que nunca en todos los confines de los mundos. Mis hijas han poseído la mayoría de conciencias posibles. Ahora los seres te rechazan. Es a mí a quien veneran. Ríndete, esta vez yo ganaré.

Pero la Madre no habla. Solo deja ver su resplandor. Silenciosa, su sola presencia basta para apagar el ataque.

La bestia, cegada por el fulgor, retrocede chillando, llevándose al oscuro en su lomo.

Risas diabólicas se escuchan a lo lejos. El oscuro no se rinde, solo cambia de lugar de ataque. No quiere ni puede enfrentarla.

Él no la enfrenta. Su método es la traición o la batalla que no se espera, o que es llevada a cabo en nombre de otros. Sus soldados del mal deben luchar: son sus marionetas.

Malkú es protegido por su madre. El oscuro lo habría consumido fácilmente, ya que aún posee poder sobre él, o lo habría doblegado.

Pero la noche eterna lo alcanza a rozar. Uno de sus tobillos es tocado y lo arrastra a un mundo de pesadillas, donde toda clase de alimañas se meten en sus oídos y chillan, y Malkú no puede detenerlas.

El oscuro se ha alejado. La Madre de los Mundos también. Iraya Kuku protege a Ela, evitando que Mati Muy se acerque y aproveche la ocasión.

Malkú está solo. La mortal noche eterna solo lo ha rozado, pero ya ha conocido su veneno. Se halla dentro de sí mismo, de sus peores emociones, el lugar donde es más difícil encontrar la salida.

Iraya Kuku, en batalla y gracias a la magia de Ela, vence a Mati Muy y salva Acua1230, pero tiene que partir sin encontrar a Malkú.

Malkú está perdido dentro de su propia mente, sin hallar la salida, sufriendo toda clase de tormentos.

Capítulo 12

La llegada de Dan

Cuando subió las escaleras hasta el segundo piso, fue como una visión entre bruma: parecía un sueño o una alucinación transformada en realidad. Con sus piernitas delgadas y ligeras, el cabello rubio y los cachetes rosados por el frío intenso de la alta montaña de donde venía, inocente bebé, no sabía lo que provocaba con su llegada. Al verla, la madre de Malkú en la tierra, se echó a llorar desconsolada, como solo una madre que ha perdido a su hijo puede hacerlo. Lin solo se quedó inmóvil con un nudo en la garganta y una imagen que nunca olvidaría: estaba viendo frente a ella la copia exacta de Malkú a su edad. Había vuelto, un día había tomado un camino de ida y ahora, de alguna manera que no era comprensible, lo había encontrado de regreso. Volvió sin ser él, fue como esas cosas tan misteriosas o asombrosas que ni siquiera las puedes hablar con las personas que lo vivieron.

Nadie lo había comprendido en ese momento, sino hasta ahora, dos años más tarde, cuando ella regresa para quedarse. Un poco más larga, flaquita, más bien desnutrida, ahora es entregada a la madre de Malkú como mágico destino. Un día lo había perdido y ahora, sin saberlo, recibía a Dan, una nueva oportunidad de ser madre de él otra vez.

La gran madre de los mundos lo había gestado. Ahora ella tenía a su hijo Malkú y la madre de la tierra, que había quedado con el corazón destrozado y silenciado, recibía a Dan como intercambio.

Dan había nacido un año antes de la partida de Malkú, ¿cómo podrían entonces ser uno? Quizás para la gran madre no hay imposibles, en esos enigmas del tiempo de aquí y el tiempo de allá.

Ambos comparten extrañamente demasiados parecidos físicos, pero lo que realmente comparten es la percepción de ser uno mismo ante los ojos de los demás. Cuando salta, Dan en la piscina, jugando sobre el inflable, lo hace igual que él.

Lin intenta negarlo y se dice a ella misma que es algo normal en un niño de su edad, pero hay cosas que son únicas. En una noche de negación, en su mente lo ve a él, pequeño, con su cabeza casi rapada, rubio, jugando en el agua azul y lo comprende: es él.

De niño, Malkú corría con sus piernitas delgadas, con esos hermosos ojos felices en esa carita picarona, y ahora Dan, traviesa pero silenciosa, sorprende a la familia con su ingenio para inventar un mundo creado por su propia mente.

Dan es hermosa igual que lo era él: sus ojos, su boquita preciosa y ese cabello rubio, aunque los ojos de Dan no son felices como eran los de Malkú. Los de ella son oscuros y a veces tristes como los de un caballo, ojos que dejan ver un universo sin expresar mucho. Pero es él, ellas lo saben.

Dan había sido abandonada por su progenitora y la madre de Malkú había sido abandonada por su hijo, ahora ambos destinos ya estaban cruzados, lo que tiene que ser será. Ambas se necesitan de distinta e igual manera, a la vez por un mismo fin.

Poco a poco, Tristeza y Desesperanza empiezan a soltarla, la dejan respirar, aunque sea lentamente. Toda esa maraña de raíces que la cubrían y apretaban hasta ahogarla, ahora tienen que aflojarse, porque Dan ha traído consigo a Alivio quien, hermosa, con sus alas gigantes, trajo también a Esperanza, quien llegó decidida y fuerte. La más feroz de las batallas estaba siendo librada allí mismo frente a la madre y a Canel, pero ellas no se dan cuenta en el momento. Solo más tarde lo entenderían y aceptarían. Alivio es feliz con ellas y con Dan, quienes, junto a Ágata y Belén, sus nuevas mascotas, están construyendo un nuevo hogar, aunque todavía falta él con su mágica presencia, y la herida profunda de su partida siempre las marcaría. Sin embargo, Dan ocupa ahora un nido que se había quedado vacío y todo empieza de nuevo: la aventura de la vida con sus giros inesperados les muestra otra vez lo impredecible que puede ser.

Alivio es tan grande con sus inmensas alas que casi no cabe en casa y empieza a sentirse incómoda en ese lugar, así que un día decide llevárselas a vivir a una casa más grande, la casa de Iraya Kuku. Allí una historia triste no había concluido, el destino debía cambiar.

Y es en esa casa donde un tiempo después se libra una gran batalla contra Desolación que se hallaba a sus anchas, creyéndose dueña con sus amigas Testarudez, Abandono y Soledad. Algo terrible estaba pasando allí cuando ellas llegaron: Bert era poseído por una bruja terrible, la bruja había llamado a Envidia y Envidia había llamado a Ambición, quien dominaba la mente débil del anciano y lo hacía equivocarse y olvidarse del amor más grande, el de sus amados hijos.

Estaba lleno de egoísmo y testarudez, él sufría y sus hijos también, los amados hijos de Iraya Kuku.

Al descubrirlo, Alivio llama a Fuerza y Coraje, que se habían dado por vencidas, y les muestra a Dan y a Canel para obligarlas a quedarse a protegerlas. Ellas están marcadas por la madre de los mundos, es su obligación acompañarlas y protegerlas, ellas tienen el indeleble sello del amor, las divinidades de los mundos, todas están obligadas en nombre de la madre de los mundos a ir a ese lugar y librar una cruenta batalla en contra de esos demonios.

Las hijas de Iraya Kuku se habían llenado de rencor al darse cuenta de la razón verdadera de la muerte de su madre. Llenas de odio nombraban a aquella mujer y le deseaban lo peor, y cada vez el embrujo se llenaba de poder, alimentándose de ese oscuro sentimiento.

Ahora, Bert había dejado de ser el padre protector y amoroso que hacía cometas en las calurosas tardes de agosto, para convertirse ahora en un duende dañino y mentiroso, lleno de avaricia. Ellas se debaten entre sentir rencor y pesar al ver su vulnerabilidad. Él se aproxima a sus 87 avanzados años, por lo que por momentos parece un abuelo gentil y, por otros, un títere de la maldad.

Ellas, Canel, Dan, la madre y Charles, el padre de Malkú en la tierra, sin saberlo, deben ayudar a derrotar la maldad que quiere adueñarse del amado hogar de Iraya Kuku.

Capítulo 13

Afra 1003

Luego de salvar Acua 1230, Iraya Kuku y Mati Muy son arrastrados hacia Afra 1003, un mundo desértico y rocoso que se halla en otra galaxia, muy lejos de la Vía Láctea. Son recibidos por el Ángel Jula, un ángel delgado y altísimo de alas grandes, doradas, y ojos cristalinos almendrados: unos ojos tristes que paradójicamente parecen sonreír y revelan su alma noble.

Jula tiene una enorme cicatriz en su rostro que va desde su frente y pasa por su cráneo hundiéndolo un poco. Había sido atacado por Soledad, por culpa de Abandono, mientras cuidaba los hermosos manantiales de Afra 1003 y había sido severamente herido. Aun así, y a pesar de hallarse solo bajo el amparo de Afra 1003, había sobrevivido. Jula es un Ángel muy resistente que posee una armadura dorada igual que sus enormes alas doradas, pero Soledad, alimentada por su padre el oscuro, había llegado y a traición lo había atacado.

Ahora Jula tiene fuertes ataques epilépticos debido a su herida casi mortal, está severamente dañado, pero lucha por proteger su mundo.

Afra 1003 es cálida, pues su estrella se encuentra muy cerca. El calor que hace en ese lugar mantiene sus aguas cálidas y cristalinas; no hay mucho verde allí, más bien es desértica, pero bella.

Mati Muy está feliz, pero Iraya Kuku está desconcertada en ese lugar sin Malkú.

—Sean bienvenidos, soy Jula, ángel guarda de Afra 1003. El oscuro me ha atacado a traición y no he alcanzado a defenderme. En mi amada esfera hay tesoros místicos que están siendo robados por seres desconocidos para mí. Yo debo alejarme para ser restaurado, he sufrido graves daños y así no podré cuidar mi amada esfera. Les pido protejan los escarabajos rojos, nuestro mayor tesoro.

Sin decir más, eleva sus grandes alas al cielo y desaparece.

Iraya Kuku está confundida, sin el poder de Malkú no sabe qué hacer. Mati Muy se extiende ante el calor abrasador sin molestarse por ayudar.

—Malkú, Malkú —llama Iraya Kuku sin obtener respuesta.

—No pierdas tu tiempo, Iraya Kuku, ese debe haber escapado con su padre. Yo lo hubiera hecho.

Iraya Kuku no presta atención, solo trata de encontrar a Malkú por medio del llamado del corazón, el llamado más poderoso que existe, pero Malkú está perdido dentro de sus propios miedos. Aterrado, es atacado por cucarachas que entran en sus oídos y escarban hasta su cerebro; el chillido que emiten es insoportable y no le permite oír el llamado de Iraya Kuku.

Malkú está perdido en un lugar habitado y se siente abrumado, sin salida. Camina con temor por senderos estrechos entre casuchas desteñidas, al llegar al punto más alto de una colina empieza a descender de nuevo, pero esta vez lo hace corriendo, anhelando salir de ese lugar agobiante, y toma un sendero cuesta abajo, pedregoso.

En su huida escucha ruido de tambores. Al final de la escarpada callejuela se encuentra con música grotesca que es bailada por niños semidesnudos que mueven sus enormes traseros golpeando con ellos tambores gigantes. Al verlo no se detienen, al contrario, el bullicio aumenta. Aunque hay baile no es agradable de ver ni de oír, aquello aturde aún más a Malkú. Deja aquel lugar en busca de silencio y al bajar aún más la colina, un cerdo blanco pequeño y desgarbado, demasiado flaco y de pelo escaso, que se encuentra abandonado frente a una granja, lo mira y le dice:

—Paga 250 ges y podrás descuartizarme como quieras.

Allí hay una mujer como esperando, sentada sobre un muro viejo y derruido, ella se parece a su madre de la tierra. Malkú se detiene un instante, la miró bien, hasta comprobar que no es su madre. En ese momento sigue su camino, realmente quiere salir de allí.

Más adelante un ser extraño, como un perro con plumas blanquísimas que cubren su cuerpo, duerme en la acera con su cara rojiza y regordeta. Malkú no puede evitar acariciarlo en su cara, el animal ni se inmuta.

Sigue bajando, su desesperación aumenta igual que su velocidad. Trata de volar, pero sus alas no salen, quiere ser gran danés, pero no pasa nada, es él de nuevo, preso de sí mismo, como si fuera humano de nuevo y no un Dios.

Se llena de pánico, busca a Iraya Kuku pero no sucede nada. Intenta contactar a la gran madre de los mundos y no le responde. Llama a Mati Muy y, de la nada, éste aparece a su lado y le sonríe.

—¿Dónde estamos, Mati Muy? ¿Por qué no tengo poderes? ¿Acaso ya no soy un Dios?

—Estamos dentro de tu limitada mente. ¿Quieres tus poderes de nuevo? Yo puedo dártelos —

le dice y desaparece de nuevo.

Malkú queda más confundido, no sabe si la escena ha sido real, si Mati Muy realmente puede ayudarlo y, si así fuera, qué le pediría a cambio. Está tan angustiado que cree que sería capaz de hacer cualquier cosa por salir de ese lugar.

En Afra 1003 Iraya Kuku ha sentido por un momento la ausencia de Mati Muy. Sabe que nada bueno estaría planeando, y dentro de su corazón lo siente: él sabe dónde estaba su amado niño, Malkú. Decide mantenerse en silencio y apagar todas sus emociones, esperando el momento para seguirlo si llegará a desaparecer de nuevo.

Sin embargo, Mati Muy es un semidiós y se da cuenta. Él también combatiría de la forma que fuera por ganar, Malkú es su presa, hacerlo perder en el mal es su única misión y si llevarlo a la locura era el camino, lo haría.

De pronto, mientras los dos fingen buscar el escarabajo rojo, aparece sublime, hermosa, la diosa de Afra 1003 con un vestido amarillo brillante de escamas gigantes. Camina de forma majestuosa, muy femenina, llevando en cada mano una cadena que se une formando un pez de cola dorada que lleva como bolsa, que cae casi a la altura de sus pies. Parece que flota con cada paso que da, ambos se quedan con la boca abierta al verla pasar. Ella no los mira, sigue su camino sin mirar atrás, ignorándolos.

Mati Muy e Iraya Kuku se miran: saben que deben seguirla. Mati Muy, hipnotizado por su belleza, olvida a Malkú.

Cautelosos, la siguen y, mientras caminan, cantidades de animalitos, como pequeños ciempiés de distintas formas y de colores brillantes, se les pegan a sus cuerpos.

Parecen ventosas molestas que les impiden seguirle el paso a la diosa.

Iraya Kuku volviéndose humo se desprende de ellos, pero Mati Muy está siendo cubierto casi totalmente. Siente claustrofobia, estos animalitos lo ahogan.

—Ayúdame, Iraya Kuku, quítamelos —implora sin obtener respuesta.

Ya no puede avanzar, siente que muere. Y, desesperado, no le queda otro remedio.

—Haré lo que quieras, pero ayúdame —asegura.

—Trae a Malkú y lo haré. Sé que lo viste, no puedes ocultarlo.

Mati Muy se revuelca, tratando de liberarse, pero no lo consigue. Las ventosas se adhieren con más fuerza, causándole dolor, y cada vez más animalitos de colores se pegan a su cuerpo, cubriéndolo casi por completo. Incluso sus ojos y orificios nasales son succionados por las ventosas. Se ahoga.

La desesperación lo invade al verse atrapado por esos pequeños bichos de los que no puede deshacerse, hasta que, finalmente, acepta su derrota.

—No puedo, si pudiera irme ya lo hubiera hecho. Estoy atrapado en este lugar. Pero ve tú por él, está a punto de enloquecer dentro de su pequeña mente —le explica—. Pero antes libérame —exige—.

Iraya Kuku no puede creerlo. Todo este tiempo su amado Malkú ha estado tan cerca y ella ni siquiera se ha dado cuenta. En un segundo lo encuentra. Llegar a su mente es fácil.

Mientras Malkú corre desesperado, sin hallar la salida, ella lo toma de la mano y, al instante, Malkú siente su presencia.

—Sígueme —le dice, y casi lo arrastra de vuelta a la realidad.

Malkú solo siente que despierta de una pesadilla.

Llegan hasta donde está Mati Muy, quien aún trata de seguir a la diosa sin poder respirar, agonizante. Malkú lo ayuda, lo libera. Iraya Kuku le hace un gesto de silencio, y Malkú entiende.

La diosa llega hasta un lugar cercano a una cueva, de donde sale un escarabajo verde brillante, de abdomen blanco que parece cubierto de pelillos blancos como algodón. Lo toma, lo mete en su bolsa de pez y regresa.

Cuando la ven volver, se dan cuenta de que en su mirada no hay nada, solo un vacío absoluto. Sus ojos verdes no miran. Está hechizada, poseída. Y entonces la ven: Ambición la sigue, imponente, con sus grandes alas. Detrás de ella, va Traición.

La diosa, nuevamente presa del hechizo, no los ve. Sin embargo, Ambición sí. Pero evita una mirada fija hacia ellos. Ambición es cobarde. No le gustan las confrontaciones si el enemigo es mayor. Así que llama a Envidia, quien llega acompañada de Vanidad.

Las tres cercan a la diosa y forman una esfera de energía oscura, que lanzan hacia los aventureros con la intención de atraparlos.

Mati Muy bloquea con su veneno el escudo que Malkú trata de formar al instante, y la esfera los atrapa. Lo ha traicionado, poco después de que éste le ha salvado la vida.

Iraya Kuku escapa haciéndose humo. La esfera comienza a estrecharse contra el cuerpo de Malkú, como si intentara aplastarlo.

Pero Iraya Kuku ya es fuerte. Arroja su lanza contra las bestias, golpeándolas con tanta fuerza que sus alas casi pierden las plumas. Por un instante, pierden su poder sobre Malkú, y su enojo crece. Sus malignos ojos resplandecen al mismo tiempo que Malkú rompe la esfera en la que está atrapado y sale airoso, con sus enormes y hermosas alas de diamante, brillando casi tanto como la Madre de los Mundos.

De un solo golpe, remata a esos seres malignos, que desaparecen. Pero la diosa yace cubierta de sangre. La han matado. Y han robado el pez con lo que llevaba dentro.

—¡Nooo! —grita Malkú, desesperado.

Las ha derrotado, pero no ha podido evitar ese terrible daño a Afra 1003. Llora, e Iraya Kuku también.

El ángel Jula ha perdido a su diosa. Ha conservado intacta su fuerte y amada esfera, pero su diosa ha muerto, sin que Malkú o Iraya Kuku pudieran hacer nada.

Mati Muy se siente extasiado. La muerte y el dolor lo alimentan. Malkú, lleno de frustración, quiere ahorcarlo, pero Iraya Kuku lo detiene.

—Se llevaron al pez con un escarabajo verde dentro. Es extraño... Si debíamos proteger al escarabajo rojo, ¿por qué ese era tan importante para llevárselo? —pregunta Mati Muy, fingiendo estar bien, aunque magullado.

Y entonces, Malkú ilumina su mente y las sigue hasta encontrarlas. Están allí, en el mundo azul, justo en la casa de Iraya Kuku, hasta donde han huido. Un lugar donde Malkú y ella no pueden luchar.

Las criaturas los miran con sonrisas burlonas mientras sostienen el escarabajo verde. Su abdomen brilla con una poderosa luz roja como la sangre misma. Con esa luz están alimentando a sus hermanas, que viven allí.

Capítulo 14

Un Ángel en la tierra

Con su mordaz pregunta, Mati Muy los lleva directo a una trampa. Malkú e Iraya Kuku son vulnerables en ese lugar. No solo no pueden luchar allí, sino que también son presas de sentimientos que los atan y los ponen en peligro de quedar atrapados para siempre en esta dimensión.

Todo es confuso. Los hijos de Iraya Kuku no tienen el poder para defenderse y caen en la confusión, la impaciencia, la intolerancia y la intriga. Han cometido el peor error que puede cometer un ejército en batalla: se han dividido. La bruja está ganando. Casi consigue apoderarse por completo de la débil mente de Bert, y sus hijos, algunos débiles y otros apáticos, no logran unir fuerzas para luchar.

El lugar se ha convertido en la guarida de muchos demonios.

Mientras tanto, en la Tierra, la madre de Malkú recibe nuevas pruebas. Bert, su padre, no solo lucha contra la protección que ella le brinda, sino que también se ha convertido en un ser déspota. La bruja le ha enseñado el arte de la hipocresía. Ahora, Bert está sumido en la absoluta inconsciencia. Es mentiroso, juega con la mente de su hija, llevándola al límite de su paciencia.

Además, Dan ha llegado a la preadolescencia, otra prueba para esta mujer que no comprende que este desafío es, en realidad, una oportunidad para repetir el arte de la crianza. Cree que algo ha fallado en la educación de Malkú, y ahora siente que debe esforzarse aún más con Dan.

Pero Dan ha pasado su primera infancia en manos de sus padres biológicos, personas egoístas que la trajeron al mundo sin amor, con absoluto abandono. La bebé lloraba sin parar. Su estado de salud era deficiente, su nivel nutricional bajo, y no había recibido la más mínima enseñanza cognitiva. Todo esto la ha marcado, y ahora, en esta etapa de su vida, las cicatrices son visibles.

La madre de Malkú enfrenta no solo el cuidado de un anciano mañoso, sino también la crianza de una niña con un pasado difícil. Dan no es rebelde, pero es silenciosa... demasiado. Sin embargo, ella, la madre de Malkú y ahora madre adoptiva de Dan, quien ha perdido a su amado hijo, por eso ha sido elegida. ¿Quién más soportaría tanto, sino alguien que ya ha vivido la peor de las pruebas sin derrumbarse?

Mientras la bruja y los demonios disfrutan de su aparente victoria, Coraje se fortalece en la sombra. Descansa, espera el momento justo, se llena de energía... y entonces, les habla a Malkú e Iraya Kuku:

—Regresen, el escarabajo ya ha sido robado, la diosa ha muerto, pero Afra 1003 ha sido salvada junto a su Ángel Jula que está siendo restaurado. Su misión allí ha terminado y la nuestra aquí apenas empieza. Vayan al universo, pierdan sus ataduras que ahora la batalla será nuestra y no importa cuánto tardemos ni cuanto cueste, ganaremos, os los juro.

Y les habla con tal actitud y tal certeza había en su voz y su mirada, que el Dios Malkú y sus dos acompañantes son absorbidos de nuevo hacia los confines de los mundos donde se sienten libres de nuevo. Malkú vuela libre por el universo en busca de nuevas aventuras y nuevos y espectaculares mundos por conocer.

Coraje se queda y toma a Intriga del cuello y la levanta y le aprisiona tan fuerte la garganta que ya no puede hablar. Sus alas caen al suelo como si hubiera muerto.

Soledad sale corriendo al ver llegar a Canel con una canasta, llena de flores de todos los colores, acompañada como siempre de Sinceridad y bondad con su bello vestido azul brillante.

Canel es buena. Su poder es la bondad, y la bondad, aunque no lo parezca, es fuerte cuando es sincera e inocente.

Abandono grita de furia al ver a la madre y al padre de Malkú trabajando laboriosamente para alejarla. Solo Envidia, Testarudez y Cobardía, que han llegado hasta el final junto a Inseguridad, se mantienen firmes, alimentadas por la bruja, que ahora es poderosa. No quieren ceder su lugar, ocupado durante tantos años en ese sitio. Ya se creen dueñas de él.

Los demonios menores revolotean como buitres sobre la casa. Llevan demasiado tiempo allí y no es fácil expulsarlos. Envían seres terrestres abominables para entorpecer la labor de los padres de Malkú, y casi lo logran. Quieren enloquecerlos. La pareja se siente sola en ese frío lugar. Lin y Noar están demasiado lejos para ayudarlos, y Jhon y Bert han tomado el bando equivocado; también los atacan.

Fer, uno de los nietos de Iraya y Bert, va y viene por la casa. En su aparente vulnerabilidad humana, esconde dos grandes alas, invisibles en esta dimensión. Fer, un chico de aspecto frágil, con pequeños y sonrientes ojos castaños, lleva dentro la luz de un ángel de enormes alas plateadas. Sin saberlo, alimenta a Coraje cada vez que ella lo ve llegar. Ella baila de gozo cuando el chico aparece con su calma, una tranquilidad que oculta su mayor poder, aún dormido bajo sus temores.

En los nietos de Iraya Kuku brilla una luz que sus hijos han dejado apagar. Y esa luz es tomada por cada una de las divinidades. Fer es el único que aún frecuenta la casa; los demás han sido alejados hábilmente, sin darse cuenta que allí se libra una guerra que también les pertenece. Su luz apenas alcanza aquel lugar que fue su patio de juegos, donde corrían, saltaban en los árboles y se lanzaban al río. Su infancia fue una aventura en ese sitio. Demasiados recuerdos llenan sus mentes.

Pero la luz de Fer, aunque fuerte, no es suficiente.

Un día, llena de coraje, la matriarca Noar decide volver a aquel lejano lugar. Desde muy lejos, donde se encuentra, regresa con tanta determinación que Bert —o más bien la bruja que ahora habita en él— siente vergüenza. Se acongoja al ver a Coraje y Valentía brillar de nuevo en sus hijas, aquellas a quienes tantas veces quiso apartar, cegado por el maligno embrujo de esa bestia repulsiva.

Entonces, en aquella casa donde solo reinaba la oscuridad, la luz comienza a abrirse paso. Hacen una fiesta para Dan. Quieren darle todo lo que no pudieron ofrecer a los otros nietos en tiempos de escasez, incluso a Malkú.

Pero el ataque malvado logra infiltrarse. Lin lo siente y decide no regresar nunca más. Se va llorando, con el alma herida, sintiéndose despreciada por la madre de Malkú. Aún queda mucho por resolver.

La casa empieza a transformarse para bien, pero en sus almas el desequilibrio sigue reinando. Aun así, están decididos a no dejarla en manos de la bruja. Esta es su oportunidad. Saben que la necesitan. Después de tantos años, las nuevas generaciones merecen un lugar mejor.

El hogar de los abuelos, aunque ya no viva en sus recuerdos ni en los de las generaciones futuras, ha sido testigo de una historia imposible de olvidar. En esa casa, una pequeña y humilde familia albergó al más grande: Malkú, el hijo de la Gran Madre de los Mundos, y a su abuela, la legendaria Iraya Kuku, quien ahora es una guerrera inmortal.

Aquella humana temerosa que se acobardó en la Tierra al final de su vida no puede intervenir ahora en la disputa que solo sus hijos deben enfrentar. Noar, a pesar de sus buenas intenciones, ha caído gravemente enferma. Su alma ha sido herida por el egocentrismo, y aunque intenta hacer el bien, su mente débil la traiciona. Aparenta gran fortaleza, pero en su interior es solo una niña frustrada, llena de inseguridades.

La madre de Malkú no es la mejor anfitriona. Ama a su familia, pero está aterrada por la batalla que se avecina. Los varones están ausentes de cuerpo y alma, y Lin, arrastrada por la impaciencia y el rencor, se ha alejado.

Solo queda la luz de Canel y el amor de sus otros nietos, quienes las inspiran a no rendirse.

Capítulo 15

Las torres gigantes: Isabella 0702

Malkú está viviendo tantas aventuras nuevas que sus poderes ya son cada vez más fáciles de manejar: ahora es un Dios que ilumina el universo como una gigantesca estrella en el firmamento. Las batallas cada vez son menos, una aparente calma se apodera de los mundos. El oscuro parece hibernar en una esfera de energía oscura como renovándose allí, en la fosa más profunda del abismo; la gran madre de los mundos empieza a apagarse al ceder su luz al gran Malkú. Ella empieza a envejecer y Malkú renace cada día, con un ímpetu imparable, toda la fuerza de miles de millones de megatones vive ahora en él.

Iraya Kuku, ahora más que nunca, se siente orgullosa y satisfecha de su amado nieto del mundo azul.

Mati muy empieza a ceder y a encariñarse con sus acompañantes, pero siempre sin olvidar su origen maligno y la razón por la que los acompaña.

Y así, un día, se encuentran llegando a un paraíso habitado por una hermosa diosa. Isabella es la madre de ese bello mundo.

De ojos felices y grandes, tímidos y sonrisa que invita a la calma, su cabello oscuro y de rizos sueltos, piel bronceada y brillante, no solo es hermosa, sino la responsable de mantener el amor de todo en ese mundo, alimentándolo, cual nodriza del bien.

—Es un honor recibir tan importante visita, gran Dios Malkú y acompañantes. Permítanme darles la bienvenida y asegurarme de que su estadía en este mundo sea de su agrado.

La diosa, con voz de niña inocente y buena, con acento pausado, se apresura a recibirlos con hermosa y genuina sonrisa.

Ella es sabia pero su verdadero poder está en el don maternal, la protección, enseñanza y amor.

Los recién llegados se sienten a gusto como nunca en aquel acogedor lugar con esta perfecta anfitriona.

Este mundo es cálido, de vientos fuertes, y en él hay inmensas torres que llegan hasta las nubes: son grises, de arquitectura majestuosa, y en sus cuatro esquinas superiores tienen ángeles gigantes de piedra que dan la impresión de estar elevándolas al cielo.

En las calles de piedra hay alegres transeúntes que van y vienen, vestidos con túnicas rojas de capa, vino tinto y faldas de cuero negro muy al estilo de soldados de la antigua roma del mundo azul. Los transeúntes son solo hombres.

—Las mujeres, donde están, hace rato caminamos y solo veo varones, ¿eres tú la única mujer aquí? —pregunta Iraya Kuku.

—Las niñas están protegidas, se encuentran en una de las torres, desde niñas son separadas de sus familias o lo que queda de ellas —le respondió con tristeza—; sus madres mueren al dar a luz, ninguna mujer sobrevive, el milagroso acto de dar vida es también el que se las quita. Yo también añoro algún día ser madre, pero no puedo dejar solo mi mundo sin quien lo proteja.

Isabella es consciente de que los tesoros del universo están siendo robados y los mundos son atacados, así que ha tomado medidas de protección.

El mayor tesoro de Isabella 0702 es su familia, que también está resguardada. Son las huérfanas, ellas deben encargarse de su protección y su formación está encomendada a la mejor.

Pero Isabella tiene una debilidad: es demasiado buena y eso la hace ingenua a la maldad que se está gestando muy cerca o, mejor, bajo sus pies.

Los tres amigos sienten una vibración extraña, pero no la mencionan. Cada uno guarda su inquietud para sí mismo y la deja pasar al final.

Isabella sigue mostrándoles con orgullo todo lo que admira de su hogar.

—En cuanto salga nuestro sol, iniciaremos nuestra competencia anual. Nuestros mejores soldados demostrarán su valentía. Ustedes están invitados —les dice cortésmente, cambiando el rumbo de la conversación.

Eso agrada a Mati Muy, siempre expectante ante cualquier competencia.

Malkú e Iraya Kuku, en cambio, se mantienen atentos a cualquier peligro. La calma de aquel lugar los hace desconfiar. Además, temen que el Oscuro los haya seguido y haya enviado algún demonio hasta allí. Finalmente, no creen que su presencia sea una casualidad; saben que alguna misión los espera.

Antes de llegar a su lugar de descanso, presencian algo que los deja impresionados. Una niña, de unos nueve años, es llevada de la mano por su padre con pasos apresurados. Ella, tranquila y resignada, le dice que sabía que algún día ocurriría. Cruzan la calle y desaparecen de su vista. Isabella actúa como si nada hubiera pasado o, quizá, ni siquiera lo ha notado. Malkú mira a Iraya, pero ninguno dice una palabra. Ante la extraña reacción de Isabella, prefieren ser discretos.

A la mañana siguiente, el lugar está demasiado agitado desde muy temprano. Los hombres van y vienen bulliciosos, preparando tiendas para un carnaval. Algunos los miran con extrañeza y murmuran entre ellos, pero la compañía de Isabella les da seguridad.

El espacio destinado al espectáculo es rudimentario. Construido en madera, parece más un establo al aire libre, aunque es inmenso. Tiene una gradería para los espectadores y angostos corredores en los bordes de la arena, separados solo por troncos de madera a modo de protección.

Los pobladores comienzan a llenar el lugar. Isabella y sus invitados tienen los mejores asientos.

Mati Muy está extrañamente alegre, más de lo acostumbrado, lo que pone nervioso a Malkú.

—Tranquilo, Malkú, seguramente se trata de algún espectáculo de fuerza, y eso le agrada a la serpiente. Todo parece normal —le dice Iraya Kuku.

Pero Malkú siente que algo no está bien.

Suenan las trompetas anunciando el inicio.

De pronto, sale a toda velocidad un hombre montado sobre un animal parecido a un león. Sus manos están atadas, y solo logra sostenerse con las piernas mientras cabalga alrededor del coliseo. Desde las graderías, alguien le lanza largos latigazos. El látigo tiene varias puntas con ganchos afilados que desgarran su piel.

Parece un esclavo o alguien condenado a soportar ese tormento.

Los hombres ovacionan con entusiasmo. Nuestros protagonistas, confundidos, no saben si aplauden la resistencia del hombre que soporta la tortura sin caer, o la precisión de quien lanza los azotes sin fallar ni tocar al animal.

Isabella no muestra pesar. Solo se asegura, como buena anfitriona, de que todo esté en su lugar.

De pronto, un zumbido muy fuerte como un millar de abejas se escucha y aparece una bestia mayor volando: es una cabeza negra, como de demonio, una sombra gigante que devora al azotado y al animal que montaba de una sola bocanada, y a gran velocidad. La sangre los salpica a todos, sigue volando buscando entre los espectadores y todos huyen y entran en pánico.

Esa sombra no es de ellos ni forma parte de aquel espectáculo: ese demonio es formado por muchos puntos o pequeñas partes negras, o así lo ven Malkú y sus amigos desde la distancia.

Todos corren a esconderse. Solo Iraya, Malkú y Mati Muy se quedan para observar mejor qué es aquello que se acerca. Cuando lo ven de cerca, descubren una bandada de aves negras perfectamente sincronizadas, que con sus movimientos forman la imagen de una cabeza oscura. Se desplazan al unísono, como en un baile infernal que devora todo a su paso, dejando rastros de sangre.

Ellos también huyen. La fuerza y la maldad que emite esa figura son demasiado intensas, y el temor los invade.

Después de la estampida causada por el monstruo, todos intentan ponerse a salvo, ocultándose donde pueden mientras avanzan. El sonido de las aves sigue resonando, aunque no pueden verlas. El estruendo es ensordecedor y los confunde, pues no logran determinar su ubicación exacta.

Todos intentan llegar a las torres. De repente, un grito desgarrador rompe el caos.

—Lo atrapó… —dice Iraya Kuku, deteniéndose por un instante, llena de pánico. Mira a Malkú con angustia—. ¿Qué ocurre, Malkú? No entiendo... Perdimos a Isabella. No logro sentirla.

—¡Huyan a las torres! —grita un hombre señalando el camino. Él también está aterrorizado.

Todo es confusión. El pánico se ha apoderado de todos.

En el castillo, que a su vez es un internado donde estudian las niñas, los reciben y les entregan ropa igual a la de los hombres. Uno de los presentes les indica que deben lavarse antes de usarla.

Malkú recorre el lugar en busca de los baños y, al fin, los encuentra. Pero están llenos de personas formando largas filas.

De pronto, el padre de la niña que vio antes entra desesperado, buscando a su hija. Llora y pregunta a Malkú si sabe dónde está.

—No conozco todo el lugar, es enorme… un edificio antiguo —responde Malkú.

Llega un soldado con aire de autoridad. Malkú le pregunta si sabe dónde está Isabella y le muestra al hombre angustiado. Pero el soldado ignora la pregunta y, en su lugar, dice:

—¿No has recorrido el lugar?

—¿Puedo hacerlo? —pregunta Malkú.

—No… pero igual hazlo —responde el soldado con un tono enigmático.

Parece estar de parte de Malkú.

Cuando Malkú quiere guiar al padre desesperado, se da cuenta de que lo ha perdido de vista.

Ni Mati Muy ni Iraya Kuku aparecen. Malkú decide aprovechar el ruido para investigar. Toma la túnica sin ser visto y se la coloca sin haberse duchado. Sale de allí y sube las escaleras, buscando respuestas. No ve a las niñas, solo soldados. Tampoco obtiene respuesta de Iraya ni de Mati Muy.

Recorre todo el edificio, pero solo encuentra habitaciones vacías, camas y algunos trastes viejos. No hay rastro de las niñas.

Se asoma por una pequeña ventana. Está en lo alto de la torre. Afuera, todo ha quedado desierto. Solo se escucha el sonido de las aves misteriosas y algún grito de auxilio

Malkú decide bajar de nuevo por una estrecha escalera que bordea la torre. Llega al sótano, un sitio profundo y oscuro. Allí, un soldado custodia la entrada a lo que parece ser una cueva.

—¿A dónde se dirige? Este lugar está prohibido para los ciudadanos —dice el soldado con firmeza, colocando una mano en el pecho de Malkú.

Pero Malkú no retrocede.

—Soy invitado de Isabella y puedo ir donde quiera... apártate.

Quita la mano del soldado con un empujón, pero el hombre está decidido a no dejarlo pasar.

Malkú decide no enfrentarlo. Da la vuelta en silencio y sube de nuevo.

Mientras tanto, Iraya Kuku y Mati Muy han encontrado lo mismo en otra torre: una gruta, también custodiada.

Malkú cruza las calles a toda velocidad para reunirse con ellos, evitando ser visto por la cabeza del monstruo. Entra en la torre. Es igual a la otra, pero allí están las niñas. Todas visten túnicas azul claro, sin ningún adorno llamativo. Hay revuelo por lo que sucede afuera. Algunas lloran de miedo.

Malkú baja al encuentro de Iraya Kuku, que lo está esperando.

—Todas las torres tienen esta misma gruta en el sótano, y están fuertemente custodiadas, incluso más que la entrada misma de las torres. ¿No te parece extraño, Malkú? —le dice Iraya, en voz baja.

—Además —interviene Mati Muy, inquieto—, su interior emite una energía maligna. Intenté entrar, pero no pude. Me vieron y casi me arrancan la cola con una lanza.

Iraya, sigilosa, le explica algo más a Malkú:

—Lo más extraño es que, antes de que yo llegara, vi entrar a dos niñas de la mano de un soldado. A ellas sí les permiten entrar.

Esta vez, Mati Muy insiste con vehemencia:

—Ahí está mi amo. Lo sé. Lo siento.

Malkú e Iraya se miran sin comprender. Malkú no percibe nada. Si se tratara del Oscuro, él lo sentiría más que nadie.

—Busquemos a Isabella, que nos dé la orden para entrar —propone Malkú.

—No —interviene Iraya Kuku—. Aún no sabemos qué ocurre aquí. Todo es confuso. No sabemos de qué lado está Isabela. Entraremos por nuestra cuenta.

—La energía que emite la gruta no me deja entrar, ni siquiera volviéndome invisible —agrega Mati Muy—. Inténtalo tú, Malkú. Tu poder es absoluto.

Malkú lo intenta, transportándose en el tiempo, pero no le es posible. De nuevo aparece en el mismo lugar... la entrada.

—Solo hay una forma: la entrada. Tendremos que luchar con el guardia. Debemos matarlo rápido y en silencio —sugiere Mati Muy, cada vez más exaltado.

—Hazlo, Malkú. No dudes en usar tus poderes, o seguiremos perdiendo tiempo sin saber qué pasa —lo presiona.

Pero no solo quiere entrar. También quiere que Malkú asesine de nuevo y lo lleve al lado oscuro.

—Estoy de acuerdo. Lo haré —dice Malkú con decisión.

—Espera, Malkú. La batalla solo será tu última alternativa si no hay otra opción. Por favor, piénsalo bien. No parece un mal hombre, solo sigue órdenes —trata de detenerlo Iraya.

Pero Malkú no la escucha. Baja hasta la entrada, ignorando las súplicas de Iraya Kuku.

Antes de que el soldado pueda hablar, Malkú abre su pecho delante de él... y lo absorbe.

El hombre solo alcanza a abrir sus ojos y extender los brazos hacia Malkú en señal de ocultamiento. Ni siquiera alcanza a gritar.

Malkú cierra rápido su pecho antes de que tome más poder y no alcance a dominarlo.

Mientras esto pasa, Mati Muy entra a toda velocidad, pasa casi sin ser visto por un lado de Malkú, ingresa en la oscuridad y dejan de verlo.

Iraya y Malkú se miran con gesto de pregunta.

Iraya Kuku lo sigue, pero cuando Malkú trata de entrar no puede, la gruta se cierra y no puede atravesar. Trata de derribarlo, grita, usa su poderoso tornado de energía, pero nada funciona. Trata de sentir lo que hay dentro, pero ha sido bloqueado, ha destruido a un hombre y lo ha hecho en vano: el oscuro se ríe de él, o así lo siente Malkú.

Sale a toda prisa buscando otra entrada por otra torre. Cuando quiere atravesar la calle se topa de frente con la cabeza oscura: las malignas aves perfectamente alineadas frenan bruscamente cara a cara con Malkú. Se miran fijamente, desafiantes; Malkú se lleva las manos al pecho para abrirlo, pero en un segundo el monstruo lo atrapa. Lo lleva dentro de su boca a toda velocidad hasta un subterráneo de una de las torres.

Al fondo hay una niña, y también están Iraya Kuku y Mati Muy. Los tres se miran y Malkú expresa el desconcierto de todos:

—¿Una niña sola en esta oscuridad?

Encogen los hombros. Cuando llegan hasta donde ella, le preguntan:

—¿Qué haces aquí, qué lugar es este?

Ella es hermosa, pequeña. La luz que emite Malkú actúa como lámpara en medio de tanta oscuridad, así que pueden ver su rostro tierno de piel perfecta y ojos inocentes.

—Si quiero que se cumpla mi deseo, debo pedírselo.

No les dice más y sigue hacia el fondo de la gruta.

Mati Muy llega ansioso y eufórico a su encuentro.

—Rápido, rápido, es mi señor. Lo sabía, tienen que verlo. Es tu padre, Malkú, Vamos —lo toma con su cola y casi lo arrastra.

Malkú siente temor.

—¿La noche eterna? —pregunta Iraya Kuku, también temerosa.

—Nooo, ella no está, solo él —dice Mati Muy.

—Pero no puedo sentirlo —dice Malkú, incrédulo—. Espera, ¿es a él a quien la niña le pide por el cumplimiento de sus anhelos? —pregunta.

—Jajajajaja —ríe Mati Muy, extasiado.

—Así es, pero lo que no saben es que él no cumple deseos —cambia su risa por seriedad y termina—. Él los destruye, y eso me encanta.

Siguen a Mati Muy que los interna aún más, hasta llegar a una larga fila de niñas inocentes que esperan por su turno de pedir un deseo.

Iraya trata de prevenirlas pero una fuerza inmensa, como una barrera invisible, no se lo permite. El poder que emite este hombre hace temblar el lugar.

Malkú no habla, tiene miedo. Ahora es cuando lo siente.

—Hijo, acércate —dice una voz masculina y al instante los tres son absorbidos.

Ahora se encuentran frente a frente.

Iraya Kuku se paraliza, Mati Muy serpentea hasta él y se enrosca en su bota de vaquero. Malkú siente su corazón latir a mil, no sabe qué decir, no solo es miedo, ahora también siente desprecio y rabia. Hay rencor en él.

—Cómo te pareces a mí. Acabas de destruir a un hombre inocente solo para verme —dice, acercando su fría y larga mano hasta su mejilla.

Allí está, sentado sobre un gran trono, tan alto, tan flaco, con su enorme sombrero y su postiza sonrisa, inmutable e impecable.

—Siempre te espero, hijo, sé que me perteneces —su voz es suave; quién diría que es el ser poseedor de la absoluta maldad que habita en los universos.

—¿Qué haces aquí? —le pregunta Malkú, tembloroso.

—Alimentándome —responde el oscuro, sonriendo sin vacilar, mientras observa la larga fila de niñas que, como zombis, esperan su turno para pedir un deseo.

—¿Isabella lo sabe? ¿Sabe que estás aquí? —pregunta Iraya Kuku, titubeando, casi sin poder terminar la frase.

El oscuro la mira y, solo con su mirada, la empuja hacia atrás. Iraya usa toda su fuerza para sostenerse de pie y no ser lanzada lejos de allí.

—No… —y no dice más.

—Debes irte —le ordena Malkú, apretando los puños con tanta fuerza que pequeñas chispas de electricidad surgen entre sus dedos.

—¿De qué lado estás, Malkú? —lo increpa Mati Muy—. ¿Acaso no ves esta oportunidad? Estás ante el ser más poderoso del universo, tu padre. Si te unes a él en este momento, tu poder será absoluto.

Pero Malkú ya no duda.

—No —responde con firmeza.

Entonces, el oscuro se levanta de su trono y, al instante, todo empieza a derrumbarse. La energía que desprende hace temblar el lugar. Toma a Malkú del cuello y lo levanta hacia él. Malkú no opone resistencia. Sus largos y flacos dedos oprimen su garganta.

La noche oscura es invocada. Se acerca, puede oírse llegar. Mati Muy busca la salida serpenteando apresurado. Huye. Hasta él le teme.

—Llevo milenios atrapado en la oscuridad, sentenciado por tu madre, odiado y perseguido. Ahora que estoy recuperando mi poder sobre los mundos, no serás tú quien lo impida. Tú no, Malkú. Tú no.

Malkú se da cuenta de que no tiene poder alguno sobre él. Se ha rendido.

Entonces, una niña, pequeña, rubia, de ojos azules, se acerca al oscuro como si lo que ocurre a su alrededor no la afectara. Hala su pantalón azul oscuro, tirando de él.

—Señor, ¿y mi deseo? Quiero volver con mi madre. Ella murió cuando nací y lo que más quiero es verla. Por favor.

Extiende su mano y toca la de Malkú, que cuelga inerte.

Un chillido ensordecedor los saca de aquella confusa escena. Es la furia que se acerca, anunciando la proximidad de la noche oscura.

—¿Ves ese hermoso animal que se acerca? —le dice el oscuro a la niña—. Es mi furia. Si me sueltas, podrás montarla y ella te llevará con tu madre.

La niña los suelta a ambos y extiende los brazos hacia la furia, que ensordece con sus chillidos.

El oscuro toma a la niña de un brazo y la lanza sobre la criatura, que frena justo antes de tocar a Iraya Kuku, inmóvil por el pánico. El fuego de la furia envuelve a la niña. Se escucha un grito agónico de dolor mientras la bestia da la vuelta con ella encima, quemándose. Luego, desaparece en la oscuridad.

El oscuro deja caer a Malkú y lo patea con violencia, una y otra vez. Finalmente, coloca su bota sobre su cabeza, como si quisiera aplastarla.

—¡No! —grita Iraya Kuku, desesperada, incapaz de ayudarlo.

—Mátalo, y la madre de los mundos te destruirá sin compasión, te lo aseguro —logra decir entre lágrimas, viendo cómo Malkú, tan poderoso como es, no es rival para el oscuro.

Él se detiene y la mira de nuevo, con más odio, aunque su falsa sonrisa no se desdibuje. La atrae con fuerza, pero esta vez no sigue haciéndole daño. Solo los toma a ambos por un pie y los arrastra sobre los escombros hasta la salida. Sube los escalones, arrastrándolos, y antes de llegar a la luz exterior, los arroja con brutalidad fuera del lugar.

Al instante, la puerta desaparece, dejando solo un muro y ocultando todo lo que quedó dentro, incluido él.

Allí están Isabella, Mati Muy y muchos hombres. Solo ven dos cuerpos que han caído, pero no han presenciado ni oído lo ocurrido.

Isabella ordena que lleven a Malkú a donde puedan curarlo. Su cabeza está hinchada y su rostro, desfigurado.

Iraya Kuku no deja de llorar.

—¿Qué ha pasado? ¿Quién le ha hecho esto a Malkú? —pregunta Isabella, indignada.

—Su estupidez, querida mía —responde Mati Muy, decepcionado al ver cómo su única oportunidad de servir directamente al oscuro se ha desvanecido.

Isabella nunca se entera de lo que ocurrió. El oscuro ha creado una realidad alterna para que ella no dé la alarma de lo sucedido. Y es mejor así. Isabella jamás pierde su inocencia ni su amor por la vida, dedicando todo su corazón al progreso y felicidad de su mundo.

Desde aquel día, en esta esfera, las mujeres dejan de morir al dar a luz. Las niñas son liberadas. Los sacrificios a su dios se cancelan. El monstruo que devoraba hombres no vuelve a aparecer. El oscuro se lo lleva con él... o quizás solo era una de sus formas. Así lo creen Malkú e Iraya Kuku.

Malkú se recupera gracias a los cuidados de la hermosa Isabella, que, ahora sin el temor de morir al dar a luz, encuentra el amor verdadero en un caballero. De aquella unión nacen dos hijos de cabellos rojos y ojos azules, hermosos y vivaces, que heredan el poder de su madre. En el futuro, ellos formarán parte del grupo de ángeles guardianes del universo.

Ahora, con un mundo liberado y próspero, Mateo e Ivana serán entrenados desde su nacimiento para gobernar y proteger a Isabella 0702 en el futuro.

Capítulo 16

Fortaleza 1101

Entre los mundos que existen algunos son pequeños, otros grandes y otros enormes; hay sólidos, gaseosos, líquidos y hasta fantasmales de dimensiones extrañas. Malkú, Mati Muy e Iraya Kuku estaban conociendo lo inimaginable y extraordinario, y cada día encontraban más motivos para maravillarse. Esta vez es un gran mundo que brilla en la distancia, como si fuera una estrella sin serlo, el que los atrae: Fortaleza 1101, gobernado por Natal, guardiana en una dimensión diferente a la nuestra.

Malkú y sus amigos son atraídos por el resplandor de este mundo palpitante. Al llegar se dan cuenta de que no se trata de una luz, como creían, sino que hay murallas gigantes que dividen en millones de celdas de cristales y reflejan la luz de todo lo que hay en este universo. Brillan casi tanto como el resplandor de un Dios, son cristales de formas ovoides que forman dibujos arquitectónicos maravillosos. Es tan potente aquella luz que viaja por el universo y llega años luz de distancia, lo que la hace ser confundida con una estrella.

Natal, hermosa, un ángel de cabello negro y liso que cae sobre sus hombros como una cascada brillante y oscura a la vez. Sus ojos son negros y felices, su sonrisa auténtica, y pequeñas pecas adornan su nariz.

191

Sus alas son grandes, blancas y relucientes. Aunque su aspecto es dulce, su cuerpo es fuerte y poderoso, musculoso. Ha desarrollado sus músculos de forma voluntaria porque no quiere que la vean como a una niña frágil; cree que debe demostrar fuerza y poder, y eso la consume. No se da cuenta de que su verdadero poder es su entrega absoluta hacia los demás. Solo ella sabe renunciar en silencio. De todos los ángeles que Malkú ha conocido, ella es la única capaz de sacrificarse por completo para proteger a su pueblo, a su mundo.

Por eso, desde que la ve, Malkú jura protegerla, pero no como a los otros ángeles, a los que también ha amado. Para él, Natal es especial.

Natal ha pedido ayuda a la Gran Madre porque ha descubierto a un demonio que los acecha, buscando dividir a sus súbditos para iniciar una guerra. Su objetivo es manipularlos hasta que destruyan los cristales que los protegen. Se trata de un monstruo llamado Orgullo, cuya arma más poderosa es la manipulación. Su misión es apoderarse de aquella esfera y entregársela al Oscuro. Para él, es fundamental destruir uno de los eslabones más importantes de la cadena de la vida de la Gran Madre.

Natal está empezando a agotarse. Debe soportar la alteración violenta de sus pobladores, que ahora no obedecen reglas ni mandatos. Se enfrentan unos contra otros; algunos están atemorizados, otros se vuelven violentos y recurren a la mentira para ocultar sus verdaderas intenciones. Se han vuelto egoístas. Cada uno se cree con el poder y la capacidad suficiente para ocupar el lugar de cualquiera que esté por encima en la escala jerárquica, aquella que se ha mantenido durante milenios para preservar la paz y el equilibrio.

Natal ha tardado siglos en construir la armonía y el orden absoluto que han llevado a su pueblo a la paz. Gracias a esto, su mundo ha enfocado todo su potencial en el avance tecnológico, alcanzando un desarrollo que Malkú no ha visto en ninguna de sus visitas a otras esferas.

Pero ahora, el desconsuelo se apodera de sus habitantes. Ya no creen en ella ni en su capacidad para protegerlos. Algunos incluso la atacan. Ya no se consideran hermanos por haber nacido en el mismo mundo; ahora son competencia.

Ella llora en silencio cuando nadie la ve. Se siente derrotada, aunque no deja de luchar por mantener lo que puede en orden. Nunca deja ver sus debilidades. Siempre calla.

Cuando los tres —Iraya Kuku, Mati Muy y Malkú— llegan a su mundo, ella los recibe con una cordial sonrisa. Nunca muestra su desesperación. Está tan serena como siempre y va acompañada de Rama, su leal gato gigante, receloso y protector, que la resguarda de la desesperanza que la acecha constantemente y de cualquier rebelde que intente hacerle daño mientras vigila la ciudad.

Orgullo se pasea por el lugar, instigando contra ella y asegurándose de que algunos habitantes se rebelen, exigiendo todo lo que, según él, les falta.

Los mismos pobladores que siempre han estado satisfechos con su mundo ahora sienten que nada es suficiente para vivir allí. Aunque Natal les muestra la belleza y la perfección inmejorable de su esfera, para ellos todo lo logrado es poco. Se sienten frustrados, creyéndose miserables.

Natal va y viene, agotándose cada vez más al tratar de satisfacer las necesidades de su pueblo. Pero mientras más entrega, más se consume. Se siente sola, miserable a veces. Solo Rama la consuela con su compañía.

Malkú percibe todo esto desde que la ve. No hace falta que ella lo diga. También siente a Orgullo, aunque no lo ve.

Malkú se da cuenta de que en este lugar hay una guerra encarnizada entre dos fuerzas iguales que chocan constantemente. Nunca dejan de perseguirse ni de atacarse. Siempre están huyendo o luchando.

Algunos habitantes se ayudan en momentos de necesidad, pero luego traicionan a los suyos porque simpatizan con el bando contrario.

—Tienes un enemigo poderoso, pero aquí estoy. Te ayudaré. Para mí esto es nada. Yo también soy un dios —dice Mati Muy, alardeando y acercándose a Natal con tono seductor, atraído por su belleza.

Malkú, Iraya Kuku y Natal se miran y ríen al notar el intento de coqueteo de Mati Muy.

Natal se aleja del grupo para protegerse. Lleva a Rama consigo, pero antes les desea triunfo y les promete agradecimiento eterno si logran liberar a su pueblo del sufrimiento.

Malkú y sus acompañantes se internan en la ciudad para explorar.

Inician la exploración juntos. Lo primero que hacen es adentrarse en un edificio que parece abandonado, atraídos por el ruido. Lo hacen con precaución tratando de no ser vistos: dos hombres luchan con armas modernas, la lucha es encarnizada, se mueven ágilmente y sus saltos hacen ver que dominan la barrera de la gravedad con facilidad, ya que casi vuelan. Uno hiere a otro, se detienen, se acercan otros que estaban expectantes. Malkú y los otros dos siguen ocultos. En ese momento van a curar al herido. Para asombro de los tres espías, varias personas se acercan al herido, separan su cabeza del cuerpo y la ponen sobre un pedestal. Este sigue hablando, al parecer, con su entrenador: el cuerpo es un robot, una máquina, y va a ser restaurado.

Desde donde están Iraya Kuku y Mati Muy no logran escuchar lo que hablan. Lo que es claro es que es un entrenamiento, solo Malkú, que ahora ha agudizado sus sentidos, escucha con claridad.

Salen de allí. No parece que quien buscan, Orgullo, se encuentre en ese lugar. Se marchan en silencio.

Malkú y los otros dos avanzan por la ciudad, pasando inadvertidos entre los habitantes. Ahora, en una zona concurrida, son testigos de cómo la policía persigue a una mujer de cabello oscuro. Parece ser una traficante. Lleva consigo una sustancia costosa.

—Es droga —murmuran algunos observadores a su alrededor.

El sistema de movilidad en ese lugar es aéreo. Los vehículos avanzan a toda velocidad, persiguiéndola, pero ella es más veloz. Solo los cables negros que separan las vías terrestres de la autopista aérea sirven de límite entre los transeúntes y los vehículos; unos van abajo, otros arriba.

Doce oficiales de uniforme negro la siguen de cerca. Pero ella se adelanta. Malkú y los otros los persiguen, intrigados por aquella escena, una espléndida expresión de futurismo. Mientras los policías van en vehículos, la fugitiva utiliza unos propulsores atados a su espalda.

De repente, la mujer se detiene y se posa sobre una azotea. Luego baja corriendo por unas escaleras que se estrechan a medida que desciende varios pisos. Los policías van tras ella y, después, Malkú, Iraya Kuku y Mati Muy, que deben esforzarse para no perderlos de vista.

En uno de los pisos, una mujer se encuentra en una piscina. La fugitiva, que no logra frenar por la velocidad que lleva, cae dentro del agua. Sale de inmediato, y ahora la mujer de la piscina se une a la persecución. Parece conocerla. También quiere atraparla. Malkú percibe un inmenso poder en ella.

—No tiene vida... —dice Iraya Kuku, señalando a la última en integrarse a la persecución

—Es un robot —afirma Mati Muy.

Malkú e Iraya lo creen también. No sienten su esencia, pero sí su poder. Están confundidos.

Los policías se dispersan. Se han quedado atrás. Uno cae de su vehículo y se estrella contra un muro. Los demás desaparecen de la vista.

Al final de la persecución, solo quedan la fugitiva, la mujer que la sigue y los tres viajeros. Han llegado hasta una gruta estrecha. Muy en el fondo del sótano, hay una grieta que conduce a la Tierra, a una cueva gigantesca, kilómetros más abajo.

Al llegar, hay luz. Dos enormes rocas metamorfas, que se pixelan a voluntad, bloquean el paso. Con cada cambio, lanzan un ataque de fuerza descomunal. Malkú y sus compañeros apenas logran frenar antes de estar a su alcance.

Con cada acercamiento, una onda de choque los golpea como la explosión de una bomba.

La fugitiva es alcanzada por la onda y pierde un brazo. Iraya grita. Malkú se detiene un instante, pero en lugar de sangre, de su hombro cuelga una red de cables. Es un androide. Ahora están seguros de lo que sospechaban.

A pesar de la herida, la fugitiva sigue luchando... o más bien intentando escapar, como los demás.

No tienen oportunidad. Las reacciones deben ser inmediatas o serán destruidos por el impacto.

La han perdido de vista. No pueden hacer nada, así que deciden huir. Vuelven arriba. En ese lugar, el poder de las rocas es absoluto.

—¿Qué hay ahí abajo? —pregunta Malkú, aterrado.

Iraya y Mati Muy no responden. Siguen pasmados.

Arriba, en las calles de la ciudad, todo parece normal. Lo que sucede bajo tierra pasa inadvertido.

Otra persecución a toda velocidad los saca de su conmoción. Un grupo de jóvenes atraviesa la autopista aérea con los mismos propulsores atados a la espalda. No llevan uniformes, pero claramente es un enfrentamiento: unos atacan, otros huyen.

Mati Muy insiste en regresar y descubrir qué hay bajo la gruta.

—Debemos ser cautelosos —les advierte Iraya—. No volvamos hasta saber más sobre lo que ocurre.

Caminan entre los transeúntes inquietos y apresurados, sin ser notados. Pero la tensión entre la gente es evidente.

Arriba, en el tráfico aéreo, la situación es igual de caótica. Los conductores son agresivos entre sí. Hay choques. Algunos vehículos caen entre los cables, que ahora notan que están cargados con alta electricidad. Cuando caen, se estrellan contra el suelo. Algunos se incendian al tocar los cables. Nadie se inmuta. Los demás los esquivan o incluso pasan sobre ellos si no hay espacio.

—¿Cómo puede una chica tan dulce gobernar un lugar tan caótico? —pregunta Malkú, confundido.

—No puede, tonto… ¿Por qué crees que pidió ayuda? —responde Mati Muy.

—Debemos encontrar a Orgullo. Estamos perdiendo tiempo. Ella debe saber del poder de las rocas.

Pero Orgullo es astuta. Se oculta, camuflada entre la multitud. Sabe que la buscan y no será fácil encontrarla. Malkú trata de sentir su presencia, pero no lo logra.

Lo paradójico es que, al mirar a los ojos de los habitantes, muchos reflejan orgullo. Otros, en cambio, tienen una mirada amable, incluso les sonríen.

Malkú se pregunta cuál de las dos formas será la más peligrosa. Ahora entiende un poco más.

Se alejan del bullicio y deciden transportarse a una zona menos habitada. En medio de tanto caos, la búsqueda es imposible.

Descansan en una colina desde donde se ve un poblado pequeño. Es un sitio exclusivo, como un refugio de lujo en el campo, pero cerca de la ciudad.

Mati Muy se recuesta al sol. Iraya explora la distancia. Malkú se tumba sobre el prado y cierra los ojos para descansar.

Y en el silencio de su interior, la siente. Es ella. Orgullo. Ahora sabe que está cerca.

Se levanta de inmediato. Iraya Kuku y Mati Muy lo siguen, desconcertados. Aún no la han sentido.

Abajo, en el centro residencial, hay una gran casa. La puerta está abierta. Suben corriendo por las escaleras, atraviesan un pasillo y llegan a un ventanal.

Desde el balcón, Malkú observa el jardín. Un círculo de bruma y viento se eleva desde el prado hacia el cielo, formando un espiral perfecto. Tiene un diámetro de unos seis metros.

Baja a toda prisa para ver qué es. En el centro del círculo hay otro más pequeño. Dentro, una mujer desnuda. Esbelta, de piel mestiza y cabello oscuro. Parece una diosa. Sin hablar, ella sale del círculo y se dirige a un manantial. Malkú la sigue, hipnotizado.

Ella entra en el agua. Malkú también. Se sienta frente a ella y la besa en la boca.

Al instante, es transportado a un lugar desconocido. Un espacio cerrado. Todo es gris. Hay poca luz y la visibilidad es escasa.

Malkú trata de adaptar sus ojos, pero no logra ver más. Siente la presencia del mal en ese sitio. Su respiración se agita. Quiere escapar.

Busca la salida, pero antes de encontrarla, recibe un golpe. Una mujer de piel negra lo ha atacado. Es la misma que besó antes, pero ahora ha cambiado, su piel se ha oscurecido.

Aparece de la nada y lo lanza varios metros atrás. No parece poderosa, pero Malkú advierte en ella una maldad abrumadora.

Un chillido lo alerta. Alguien lanza un artefacto. De él, emerge una luz verde y un demonio oscuro, pequeño pero fuerte. Se ve poderoso... pero no ataca.

El demonio, aterrorizado, señala a la mujer. Ella, en cambio, no se inmuta.

Malkú está desconcertado. Se encuentra atrapado entre estos dos seres sin saber a cuál atacar ni de cuál defenderse.

El demonio chilla sin cesar y no deja de señalar a aquella extraña mujer. Es entonces cuando Malkú la ve con claridad. Sus alas comienzan a desplegarse y su poder se hace sentir.

Ella está allí, prisionera en la oscuridad, pero es demasiado astuta y cuenta con la ayuda de sus esclavos. Orgullo está provocando caos para el Oscuro. Todos los seres poseídos por ella ya no ven el universo como uno solo; han cortado la línea que los une a la Madre de los Mundos y, por consiguiente, a todo lo no visible.

¿Se han quedado ciegos? ¿O solo ven lo que quieren ver? Ya no sienten, más bien alucinan su propio mundo, un mundo de egoísmo al que Orgullo los ha lanzado, engañándolos. Esto debilita cada vez más a la Madre de los Mundos.

Por eso, los seres poseídos por ella están condenados a vivir de equivocación en equivocación, hundiéndose cada vez más en el abismo. Solo le basta a Malkú un segundo frente a este infernal ser para ver el sufrimiento de la Madre de los Mundos y el caos que provoca Orgullo cada vez que coloniza otro rincón del universo.

Con solo una mirada, Orgullo le indica al demonio que ataque a Malkú. Él obedece. La luz verde se convierte en veneno y sofoca el lugar, debilitando a Malkú, quien siente que se ahoga. Orgullo ríe y muestra sus ojos malignos y brillantes.

Iraya Kuku y Mati Muy son atraídos por la energía que fluye de aquel sitio. Mati Muy se desliza como una serpiente hacia el demonio. Junto con la luz verde, exalta sus colores, se ve hermoso... y lo sabe.

Iraya Kuku se interpone entre Orgullo y Malkú, quien ha tomado su forma de perro blanco. Ahora, cada vez que está muy feliz o muy debilitado, esto le ocurre sin que pueda evitarlo. Orgullo bate sus grandes alas. Iraya la ataca, pero no logra hacerle daño. Trata de invocar a Humildad, pero no es escuchada. Orgullo, en cambio, ahora es acompañada por pequeños demonios que revolotean a su alrededor.

—¡Las rocas! —grita Iraya de repente y, a toda velocidad, toma a Malkú y lo saca de allí. Sabe que ahora es inútil tratar de vencer a Orgullo.

Se dirige a la ciudad de nuevo. Busca el edificio y desciende hasta una cueva oscura y sucia. Ha sido atraída por algo. Desde la entrada, siente miedo, pero entra. Allí hay un hombre, parece loco y harapiento, pero es humano. En cuanto advierte la presencia de Malkú, huye hacia el interior y lo pierden de vista.

Iraya Kuku y Malkú, aún en su forma de perro blanco, se acercan cautelosos. Una mujer gorda y vieja hace caramelos, sentada junto a una mesa. Está sola en un pasillo casi oscuro. Se ve demasiado apacible. La mira sonriente. Lo que hay allí abajo contrasta con la modernidad de la ciudad sobre sus cabezas. Ella los observa de nuevo y les extiende la mano, ofreciéndoles un caramelo viscoso. No se ve agradable. Iraya Kuku finge no saber qué es y evita tomarlo, pero el perro babea, atraído por el dulce. Lo recibe y lo traga, meneando la cola alegremente.

La mujer ríe, lo acaricia en la cabeza y, al instante, Malkú brilla y recupera su forma humana.

—Soy Rama. ¿No me reconocen? —les dice la anciana dulcemente.

Iraya Kuku no comprende, pero Malkú se da cuenta: el gato que acompaña a Nathal también tiene magia.

—Es la entrada… —sigue hablándoles Rama—. El creador de las rocas está allá abajo. Encontrarán una puerta, está cerrada. Las llaves están aquí.

Busca las llaves sin encontrarlas. Finalmente, después de mucho buscar, las halla sobre la mesita frente a ella. Malkú sonríe y le dice:

—Cuando no puedes encontrar algo, es porque lo tienes frente a ti.

Ríen los tres: Rama, Malkú e Iraya Kuku.

Caminan hacia la entrada, dejando a Rama atrás. Después de avanzar un rato, encuentran la puerta. Malkú toma la llave y abre la cerradura. Dentro, hay muchas personas. También está el hombre que vieron antes. Sale a su encuentro y los saluda cortésmente. Es un científico. Quienes están allí son humanos; los androides se encuentran arriba. Los humanos han sido reducidos a unos pocos y se ocultan bajo tierra.

El hombre, de aspecto discordante con su intelecto, les enseña el lugar: un laboratorio gigante, futurista, lleno de computadoras creadas por ellos mismos. Ellos crearon los androides, pero finalmente, estos se han apoderado del mundo y se han vuelto contra sus creadores, arrinconándolos hasta casi extinguirlos. Los androides conservan en su corteza cerebral neuronas humanas. Orgullo se apoderó de ellas. Ahora, los pocos humanos que quedan se ocultan bajo tierra.

Desde una ventana gigante, a muchos metros abajo, pueden ver las dos rocas metamórficas. Malkú se acerca al cristal y apoya sus manos. Siente la vibración. Iraya pregunta:

—¿Qué es esto?

El hombre responde:

—En nuestro afán por destruir nuestra propia creación, las fabricamos. Son llamadas Exterminadoras 496 GU-GOL Uno y Dos. Se empezaron a construir hace seis generaciones, y solo ahora han sido terminadas. Los androides han tratado de apoderarse de ellas, pero caen como moscas cuando se acercan. Son maravillosas. Próximamente, las liberaremos y ellas harán su trabajo arriba. Seremos libres de nuevo —concluye en una mezcla entre ilusión y agotamiento.

—Pero el verdadero enemigo no son los androides —afirma Iraya, convencida—. Si no alejan el ente maligno que se apodera de su ser, todo esfuerzo será inútil. Aunque las rocas son inmensamente poderosas, Orgullo lo es aún más. Finalmente, solo conseguirán destruir la fortaleza, y ese es el verdadero fin del Oscuro.

El hombre no entiende. Para él, ni Orgullo ni el Oscuro significan nada. En su cabeza solo existen algoritmos y el deseo de exterminar lo que antes crearon. Una tecnología que finalmente se volvió en contra de sus creadores.

Malkú e Iraya Kuku se miran. Tal vez si atraen a Orgullo hasta las rocas, podrían causarle algún daño y así alejarla de Fortaleza 1101.

De Mati Muy no han vuelto a saber desde que lo dejaron en compañía del demonio verde.

Cuando están a punto de salir, se encuentran con Mati Muy, quien lleva consigo el artefacto con el demonio dentro. Llega sonriente, como si llevara un premio.

—Me dice que es su madre —les dice Mati Muy, refiriéndose al demonio.

—¿A qué te refieres? —pregunta Iraya Kuku.

Casi babeante de furia, Mati Muy grita:

—¡Este es hijo de Orgullo!

Malkú comprende al instante. El demonio la atraerá. Deben regresar por la otra entrada y llevar el artefacto hasta las rocas. Orgullo vendrá a buscarlo, y allí estarán las rocas esperándola.

—Es mío —lo increpa Mati Muy—. ¡No lo entregaré!

Sale a toda prisa llevando consigo el artefacto. Detrás, Iraya y Malkú tratan de quitárselo.

Mati Muy sabe que la luz verde del demonio lo hace verse brillante y sus colores se hacen vibrantes, no está dispuesto a perderlo.

Lleva el artefacto enredado con su cola y cada vez que se acercan sus perseguidores les lanza veneno: su veneno corroe, aunque realmente no hace daño, solo molesta.

Malkú despliega sus alas para alcanzarlo y, en medio de la lucha, el artefacto cae y rueda por las escaleras. Cuando llega a un descanso detiene la caída, se abre y de adentro salen la luz verde y también el demonio. Está furioso, Malkú y Mati Muy encarnizados en su propia pelea no advierten esto hasta que el demonio los sorprende atacándolos.

Los fuertes golpes de energía que reciben los saca del edificio lanzándolos hasta la elevada autopista. El edificio se derrumba, en cuestión de segundos la zona ha sido devastada y abajo un cráter deja al descubierto las rocas. Suenan sirenas; las chispas de electricidad de algunos cables que se han roto provocan incendios que empiezan a expandirse. Rápidamente llegan androides de todas partes a inspeccionar la zona, pero al menor acercamiento a las rocas son destruidos por el impacto de sus múltiples cambios.

Malkú se incorpora y vuela buscando a Iraya entre el polvo, Mati Muy ha sido lanzado lo suficientemente lejos para no estar cerca de la onda de choque y el demonio ha desaparecido entre el caos.

Los humanos han sido aplastados por la implosión: al parecer no quedan vivos.

Malkú sigue en los aires buscando a Iraya y tratando de encontrar el demonio. Pasa un tiempo, hasta que a lo lejos ve una luz verde que lo guía entre el humo y el polvo que se levantan.

Cuando está a punto de alcanzarlo lo ve claramente: es Orgullo que lo guarda desde adentro del artefacto. Se da la vuelta al sentir a Malkú, los dos en el aire con sus alas desplegadas se miran y retan con sus miradas, pero no se atacan.

El primero en lanzar un espiral es Malkú, pero ella con solo una mano lo detiene, sonríe maquiavélicamente y se incorpora. Baja la cabeza y cruza las manos en su pecho, despide un olor nauseabundo y una energía oscura que lanza a Malkú fuera de Fortaleza. Cae varios kilómetros fuera de su órbita, está golpeado pero el daño no es grave.

Regresa a toda velocidad contra ella sin darle tiempo de reaccionar, la toma del cuello y la lanza contra las rocas. La fuerza aplicada es tan letal que Orgullo no puede desviarse y choca contra la onda de choque provocando una explosión tan grande que Fortaleza 1104 se transforma en una gigante bola de fuego azul que puede verse años luz a través del universo.

Capítulo 17

La batalla de Ug

En el centro de Andrómeda se encuentra el mundo de Ug, un ser con una sonrisa bella, amplia y sincera. Su cabello es negro, al igual que sus alegres ojos, pero su piel es blanca muy clara.

Ug ya no es un ángel guardián: ha encarnado y se ha hecho rey, niega la existencia de la gran madre todopoderosa y ahora se dedica a la conquista por medio de batallas. Su ejército es enorme, formado por soldados fuertes e intimidantes que tienen una feroz presencia y un aspecto antropoide, con armaduras lujosas e imponentes.

Ug es bueno, pero se ha empeñado en que todo sea suyo, todo cuanto existe.

Los tres guerreros han sido llamados para regresar justo cuando Fortaleza 1104 explotó. Tuvieron que atravesar el agujero negro de la vía láctea a tiempo, antes de perecer atrapados. Ahora están a salvo y, al llegar, sin tener tiempo de incorporarse ni reaccionar, se encuentran bajando unas escaleras estrechas a toda velocidad. Luego llegan a un acantilado enorme, donde Malkú saca sus alas para ayudarse en la travesía.

Al fondo, en un estanque profundo, ven desde la distancia a varios hombres. ¡Qué horror! Han sido decapitados y sus verdugos están aún allí, tratando de ocultar su crimen.

Los malhechores los miran desde abajo: han sido descubiertos. Dan señal unos a otros y huyen, pero Malkú,

Iraya Kuku y Mati Muy intentan perseguirlos. La persecución es inútil, pues son muy ágiles y al poco tiempo los pierden de vista entre las rocas.

No dejan rastro, y eso deja atemorizados a Malkú e Iraya Kuku, quienes siguen cautelosos su camino hasta una montaña blanca muy alta. Hace calor, se escuchan golpes a lo lejos. Se dan cuenta de que se trata de tambores, estos los tambores los guían y el Bramido de elefantes, eran enormes y blancos, ataviados de forma exagerada y lujosa.

El pasaje de entrada está rodeado de rocas blancas cuadradas y gigantes: hay muchos escalones, muy altos, hasta llegar a la cima. Los tres viajeros del universo llegan hasta lo alto con dificultad.

Y allí, sobre la gran avenida, están los dos ejércitos perfectamente alineados uno frente al otro: El de Ug, imponente, y el de una mujer, su oponente, que es mucho más modesto. Todo está dispuesto para iniciar la batalla.

Sin embargo, al parecer ella no quiere enfrentarlo, se niega a ser la primera en atacar.

Es Ug quien da inicio a la gran batalla. Sus soldados, ansiosos de sangre, empuñan sus armas y dan gritos al unísono.

—Ug, Ug, Ug, Ug —cantan mientras con sus lanzas golpean el suelo y lo hacen temblar.

Malkú, Iraya Kuku y Mati Muy observan desde lo alto asombrados y expectantes asegurándose de que su presencia no sea advertida.

Los grandes simios corren a toda velocidad con sus lanzas levantadas, amenazantes, contra los hombres del ejército contrario.

—Los aniquilarán, Malkú, ayudémoslos —Le grita asustada Iraya Kuku. Pero Malkú la detiene antes de que ella se precipite a actuar.

—Quieta, Iraya, no intervendremos esta vez. ¿Acaso alguno ha pedido nuestra ayuda? Aunque creo que el llamado es de un varón, esperemos, seamos cautelosos.

—Un llamado tan fuerte que tuvo la energía necesaria para salvarnos vino de uno de ellos, ¡debemos hacer algo! —lo increpa Iraya, angustiada.

—¿Y acaso tú sabes cuál de los dos nos trajo hasta aquí? —dice Mati Muy.

Ni la mujer ni Ug luchan, ellos solo observan a los soldados desde sus tronos, uno frente al otro a cada extremo del estadio.

Los soldados se enfrentan con ferocidad. Los de Ug tienen una evidente fuerza, pero los de ella esconden tras su pequeña apariencia una voluntad, agilidad, astucia y facilidad para el engaño en la pelea que deja una huella de sangre en lo que tocan.

Y a pesar de toda predicción, ella sale victoriosa en la batalla. El ejército de Ug es diezmado. Ella permanece altiva, con su cabello blanco y corto, con su capa y su vestido de color negro, al igual que sus ojos.

Al lado de la victoriosa mujer se hallan Arrogancia y Manipulación, con sus alas elevadas. Ellas, al parecer, no están interesadas en ocultarse.

Malkú había acertado, y Mati Muy también lo sabía: en realidad, Ug era la víctima de esta situación. Fue él quien los llamó, estando desesperado y lleno de temor.

Mostrarse poderoso era su arma para evitar la insurrección de los habitantes de su mundo.

Esta vez Malkú y sus acompañantes debían ayudarle, enfrentando a su enemiga. Él no podía ganarle, ella lo controlaba, por eso estaba triste y amargado.

Su pequeño hijo está secuestrado. El niño ha heredado la hermosa sonrisa de Ug, pero también está triste y siempre un poco enfermo, igual que Ug cuando era un chico. Alguien lo tiene preso, el pequeño está solo, acompañado en secreto por Inocencia y Egoísmo, dos seres que se encuentran en su fase de crecimiento, al igual que él. Ellas se enfrentan constantemente frente al pequeño y esas peleas lo entretienen, pues no son grandes batallas sino solo riñas. Él lo ve como un juego, aunque a veces tiene miedo.

Cuando la batalla termina, tanto los soldados como los espectadores se marchan en silencio. Ug logra recomponerse y se dirige hacia los tres viajeros.

—Soy el rey Ug, bienvenidos a mi esfera, Mayor 1204. Ya hay fama en todos los mundos de sus proezas, Dios Malkú, guerrera Iraya Kuku y Dios Mati Muy. Estoy emocionado de que hayan respondido tan pronto a mi llamado.

Mati Muy, sabiendo que quien había hecho el mayor favor era Ug al llamarlos en un momento oportuno y sacarlos del peligro, sonríe con mofa.

Ug les hace una reverencia con absoluta humildad.

Viéndolo de cerca, se aprecia mejor su bella y apacible presencia. Sus ojos son de un negro deslumbrante, limpios y sinceros.

—Levántate, ángel Ug. Aunque te rebelaste, aún conservas tu lugar en el corazón de mi madre. Para ella, sigues siendo un ángel guardián. Mi madre siempre te protege, y ahora lo haré yo. Estoy aquí para ayudarte junto con mi guardiana, Iraya Kuku, y con Mati Muy. Tus enemigos deben ser derrotados. Tu adversaria en la batalla es una fuerte opositora, pero no te preocupes, la aniquilaremos.

—No deben hacerlo. Es su ejército al que deben destruir, pero a ella no deben tocarla.

Para Malkú, esas palabras suenan extrañas; Iraya Kuku también lo mira con desconcierto.

—Yo creo que sí debemos hacerlo. No podemos tener piedad, como ella no la tuvo con tu ejército —dice Mati Muy mientras se enrosca en el báculo del rey.

Ug da un paso atrás, tratando de alejarse de la serpiente. Mientras baja el rostro con tristeza, murmura:

—No puedo... Es mi madre.

Se produce un silencio, hasta que Mati Muy lo rompe con descaro:

—¿Y qué importa eso? Ella quiere destruirte. Tú la destruyes y asunto acabado.

Iraya Kuku pisa con fuerza la cola de Mati Muy.

—Impertinente —le dice, tratando de hacerlo callar. Pero con él es inútil, de sutileza no sabe o no quiere saber.

—A ver si entiendo... Tu madrecita quiere destruirte o apoderarse de tu reino, que es lo mismo. Y tú, un rey con uno de los ejércitos más imponentes que he visto en mis miles de años, ¿no puedes hacer nada? —continúa Mati Muy.

—No... No puedo —Ug se deja caer sobre una roca, derrotado y sollozando. Se queda ahí, sentado, cabizbajo y en silencio.

Malkú e Iraya Kuku sienten lástima.

Ug sigue hablando:

—Ella no es mala, solo ha sido engañada. Y mi hijo… mi hijo ha sido secuestrado. Ella cree que fui yo, pero no lo hice…

Se lleva las manos al rostro, cubriéndolo, y llora.

—¿Quién lo hizo? —pregunta Malkú.

—No tengo idea. Lo único que puedo hacer es firmar tratados de paz, llevar a cabo espectáculos como el que acaban de ver y, al mismo tiempo, brindar entretenimiento para que no adviertan del todo mi falta de fuerza e ineptitud a la hora de gobernar.

Iraya Kuku, siempre tan maternal, lo invita a incorporarse y a mantener su pose de rey.

—¿A qué te refieres con "espectáculo", rey Ug? —pregunta Malkú.

Ug responde:

—La batalla que acaban de ver es real… hasta cierto punto.

—Sigo sin entender. ¿Y la sangre derramada? ¿Es solo teatro?

—La sangre es real. Los heridos y muertos, también. Los soldados compiten con honor… al menos los míos lo hacen. No puedo decir lo mismo de los soldados de mi madre. Solo que no enviamos a los ejércitos en su totalidad a la batalla. En realidad, es solo una mínima parte, y así prolongamos los espectáculos por más tiempo. Eso lo sabemos solo mi madre y yo. Aún no queremos que haya un ganador y un perdedor. Lo que hoy vieron sucede a menudo, pero también, a veces, mis soldados ganan.

—Pero… ¿y los que perecen o quedan heridos? ¿No es un precio demasiado alto solo por entretenimiento? —pregunta Iraya Kuku.

—Es un riesgo que corren sin ser obligados. Cada quien elige su bando con libertad.

—El juego de la guerra… Me caes bien, Ug —dice alegremente Mati Muy.

—¿Y por qué lo haces? ¿Acaso no quieres liberar a tu hijo? —pregunta Iraya Kuku, confundida.

—No es mi madre quien lo tiene cautivo. Ella solo quiere mi lugar, mi trono. Aunque no estoy dispuesto a cederlo, esa no es mi mayor desgracia. Mi peor enemigo es un…

Ug se queda en silencio. Mira a lo lejos, con la mirada perdida.

Iraya Kuku, Mati Muy y Malkú esperan impacientes, hasta que Mati Muy se lanza sobre él, se cuelga de su cuello y, con histeria, le grita mientras deja escapar baba:

—¡Habla, maldita sea! ¿Quién es…?

—Es que no lo sé. Nadie lo sabe. Solo sé que mi hijo fue raptado.

Alguien, o algo, entró a mi palacio, asesinó a cincuenta guardias sin hacer un solo ruido, sin ser detectado… y se llevó a mi único hijo.

El sirviente que cuidaba su cuna fue el único sobreviviente, pero ni bajo tortura ha dicho nada.

Desde aquella noche, enloqueció. Tiene que haber sido algo terrible… Cuando lo interrogo y le hablo de lo ocurrido, tiembla, llora y no dice nada coherente. Nada que nos dé siquiera una pista. Se cubre los oídos y se niega siquiera a mirar.

—Tal vez tu hijo esté muerto… ¿No lo has pensado? —pregunta cruelmente Mati Muy.

Al instante, Ug se levanta y lanza a la serpiente por los aires. Saca su espada y se abalanza sobre ella, pero Malkú lo detiene.

—¡Mi hijo no puede estar muerto! Lo sé… Desde mi corazón, lo siento.

Se sienta, abatido. Lleva sus manos al rostro y llora desconsolado. Iraya Kuku se acerca y, con dulzura, pone su mano en su espalda para consolarlo.

—No llores, Ug. Lo encontraremos. Él vive, lo sé. Y Malkú lo traerá de vuelta hasta ti. Solo danos un poco de tiempo.

Malkú mantiene a Mati Muy inmovilizado, colocando un pie sobre su cabeza. No lo aprieta para no hacerle daño, solo quiere callarlo. Aunque, a veces, cansado de él, hubiera querido hacerlo.

Mati Muy agita su cuerpo tratando de escapar, pero no lo logra.

—Déjanos a solas. Ve, sigue con tu plan para conservar tu trono. Nosotros nos encargaremos de atrapar a quien te quiere hacer daño… y traeremos de vuelta a tu hijo.

Ug se aleja, ahora esperanzado en que Malkú lo salvará esta vez. Sin embargo, Malkú está tan desconcertado como él. Retira su pie de la cabeza de Mati Muy, quien de inmediato salta sobre su humanidad, escupiendo veneno y tratando de morderlo.

Iraya Kuku observa la escena con diversión mientras Malkú da grandes saltos hacia atrás, esquivando el ataque, un poco temeroso y un poco entretenido también.

Hasta que Iraya Kuku, cansada de la pelea, les arroja su lanza, golpeando a ambos con fuerza en la cabeza.

—¡Paren ya! Esto es serio. Tenemos que encontrar al chico. Así no cooperan... Siempre es lo mismo con ustedes dos, empiezo a cansarme —les grita furiosa mientras recupera su arma.

El instante de silencio se ve bruscamente interrumpido por el galope de un caballo que pasa a toda velocidad a su lado. Echa espuma por la boca, su cuerpo suda y sus ojos desorbitados reflejan puro pánico. Casi los embiste de no ser por la rápida reacción de Malkú, que lo esquiva en el último segundo.

Mati Muy no tiene tanta suerte. Queda casi bajo las patas del animal, pero en el último momento, Malkú, al saltar, lo agarra por la punta de la cola y lo arrastra consigo. Ambos quedan cubiertos de polvo, pero ilesos.

Iraya Kuku, que estaba un poco atrás y había visto toda la escena, sale corriendo tras el caballo. Malkú y Mati Muy la siguen.

Malkú adopta su forma de perro blanco y, gracias a sus largas patas, logra alcanzarlo. Pero el caballo no se detiene. Entonces, Malkú recupera su forma humana y se lanza sobre el animal, tratando de dominarlo, aunque es inútil.

El caballo llega al borde de un abismo y se asoma, mirando el precipicio. Justo en ese momento, Mati Muy llega y, aprovechando la oportunidad, lo empuja con fuerza.

La caída es demasiado alta. Un impacto semejante podría matar al caballo y lastimaría a Malkú... pero Mati Muy quiere venganza por lo ocurrido antes.

Iraya Kuku y Mati Muy se asoman al borde del acantilado.

Abajo, el agua. El caballo cae con las patas hacia arriba y se hunde junto con la empalizada en el agua gris. Burbujas emergen a la superficie. Por un momento, nada sucede… Hasta que, de repente, el caballo sale solo, vomitando su propio pelo. Había logrado nadar hasta la orilla, sosteniendo su largo pelaje para que no se enredara con los escombros flotantes.

Pero Malkú no aparece.

En la orilla, más allá de las aguas, está la madre de Ug. La mujer blanca sostiene al hijo de Ug con fuerza. A su lado, hay un hombre.

El hombre camina hasta la orilla y, desde allí, le ordena que lo lance al agua. Su voz es brusca, implacable. Ella, acurrucada en un rincón de la oscura roca, abraza al niño con desesperación. Su rostro refleja miedo e indecisión. No se atreve a hacerlo.

Arriba, Iraya Kuku, Mati Muy y algunos soldados llegan, aun buscando al niño. Pero Malkú sigue sin salir del agua.

Ahora todos bajan por las rocas del acantilado a toda velocidad. El caballo huye, con el misterioso hombre montado sobre él.

La madre de Ug sigue sosteniendo al niño, pero los soldados, en lugar de ayudarla, se forman frente a ella en posición de ataque.

—¡Deténganse! —les ordena la mujer.

Pero no la escuchan. Sus ojos están vacíos, sin expresión. Parecen poseídos.

El niño llora y se cubre los ojos para no mirar. Esos no son soldados, son monstruos. Una poderosa aura oscura emana de ellos.

—¡Huyamos! ¡Es una trampa! —grita Mati Muy.

Pero Iraya Kuku no retrocede. Para ella, ya no existe contrincante capaz de hacerla huir, así que se lanza al ataque. Sin embargo, en ese instante los soldados se desvanecen, y también desaparecen misteriosamente la madre y el niño.

La mano de Malkú emerge del agua, seguida de otra, y luego su cabeza. Sus ojos están desorbitados, su boca llena de lodo le impide gritar. Manotea desesperado, intentando liberarse de algo que lo sujeta desde las profundidades.

En ese instante, todos sienten cómo sus cuerpos se hielan. Una presencia sobrenatural los inmoviliza, impidiéndoles mirar hacia atrás, de donde proviene esa fuerza. Ni siquiera Mati Muy puede escapar de ese terror.

Entonces, sobre ellos, suspendida en el aire con sus alas desplegadas, aparece Miedo. Su presencia emite una fuerza aplastante. A su lado, está Soledad, acompañándola en un silencio escalofriante. Sus ojos vacíos los miran con una mirada fija, triste y a la vez inmutable.

Miedo es mucho más grande en tamaño, pero es Soledad quien gobierna entre las dos.

De todas las criaturas abominables, la única a la que Mati Muy teme es Soledad. No solo le teme, además la odia.

Malkú la conoce de sus últimos días en el mundo azul, en su última vida. Iraya Kuku también la conoce de su vida allí, y también le teme.

Entonces, recuerda. Y al recordar, regresa. Es inevitable.

Llega a ese día en el que estaba en una cama de hospital, con más dolor emocional que físico.

Días antes se había negado a dejar solo a Bert, quien había rechazado la invitación de sus hijas para pasar con ellas aquellas fiestas de tradición. Ella quería ir, pero Bert ya empezaba a mostrar la apatía por su familia, esa que la bruja le obligaba a mostrar, así que sus hijas, para no dejarlos solos, viajaron hasta su casa y pasaron unos días con ellos. Sin embargo, cuando tuvieron que regresar a compartir con sus esposos e hijos que no habían podido viajar, Iraya, que se encontraba en esa fase de desolación guardada para sí misma, recurrió a un engaño, llevada por la desesperación y el miedo a ella: Soledad.

Fingió una enfermedad, pues sabía que de esa manera se verían obligados a no dejarla.

Unas horas más tarde se encontraba dentro de una ambulancia escoltada por sus hijas y algunos nietos angustiados por el estado lamentable de aquella casi anciana pálida, quejumbrosa y débil. La situación se salió de control y la llevaría hasta días de reclusión y pinchazos dolorosos, ya que tal estado que había fingido fue descartado, pero sí hallaron un cuerpo en un estado de desnutrición y falta de vitaminas que la mantuvieron sometida a numerosos tratamientos. Se había salido con la suya, estaba acompañada como quería, pero la desesperación y la vergüenza que le producía pedir ayuda la habían obligado a utilizar la mentira.

Cuánto se había arrepentido de no haber confiado en sus hijas, de no haber abierto su corazón y contarles por lo que estaba pasando, que su mayor temor era que ellas se fueran porque sabía que en ese momento también Bert la dejaría sola. Pero tenía miedo de quedarse sola otra vez y eso la llevaba a ocultar la apatía y el rechazo al que estaba siendo sometida, el engaño y la humillación que estaba sufriendo.

Cuando Iraya Kuku llega a esta escena, se queda inmóvil mirándose a sí misma en aquella fría cama de hospital y comienza a derramar lágrimas. Llora por ella, por sus hijas, sus nietos y hasta por Bert. Ella lo amaba, él era el amor de su vida y lo había perdido.

Sus hijas lo sabían, pero ella se negaba a admitirlo: se había vuelto contra ellas, negándoles la oportunidad de ayudarla. Evadía la realidad. La bruja no solo la estaba dejando sin el amor de Bert, sino también sin sustento económico para sus últimos años, pues Bert vendía propiedades que eran de los dos y se las daba a la bruja. La estaba despojando hasta de sus bienes materiales, pero ella no protestaba, tenía miedo de hacerlo. Creía que ser buena y sumisa era mejor, así lograría que él no se fuera.

Mientras Iraya se mira a sí misma, recordando, es sacudida por Mati Muy, que interrumpe violentamente sus memorias. La mira, mira la cama y no comprende. No se da cuenta de que se trata de ella misma, que las dos son una misma persona, pero en tiempos y circunstancias diferentes.

—¿Qué haces aquí perdiendo el tiempo? Vamos —y la arrastra de nuevo fuera del mundo azul.

Cuando llegan, Malkú está fuera del agua, pero paralizado con los ojos desorbitados y pálido. Miedo está a punto de aniquilarlo, Soledad aún vuela y se burla silenciosa. Mati Muy se oculta detrás de Iraya Kuku, pero no lo hace del todo bien, entonces soledad que aún lo ve, lo desafía con su mirada.

Cada vez que Iraya se ve a sí misma en su anterior vida, tan débil, tan poco, tan sola y triste, se rebela a su debilidad anterior y se llena de una fuerza extraordinaria. Esto le sucede también ahora: siente que ahora todo será diferente, así que limpia sus lágrimas, llama a Coraje y juntas inician una batalla que hace estremecer aquel mundo.

La tierra tiembla, Malkú se incorpora y ayuda lanzándose a toda velocidad hasta Soledad, dándole un golpe tan fuerte en el pecho que la lanza fuera de la órbita de aquel lugar, dejándola sin respiración, ahogada en su propia sangre.

Miedo ahora se enfrenta sola a Iraya Kuku y a Malkú.

Antes de acabarla por completo, ambos la obligan a entregar el hijo de Ug y así impiden que lo entregara al Oscuro en un plan macabro por el que éste pensaba tomar su brillo.

Está acabada, no tiene alternativa, no piensa desfallecer en aquel lugar. Esparce su veneno antes de marcharse y deja al niño abandonado lejos de allí, pero a salvo.

Capítulo 18

Khat y Math 0728

Después de abandonar el mundo de Ug, Iraya Kuku se encuentra abatida por los recuerdos de su pasado, Mati Muy avergonzado y Malkú desconcertado por el poder que aún para él tienen algunos seres. Los tres se alejan viajando de nuevo por el universo, hasta que son atraídos por un mundo brillante, cubierto por una enorme nube azul y púrpura que lo rodea y es visible a miles de años luz de distancia.

Mientras los tres amigos exploran el lugar al que acaban de llegar, sienten un tenue llamado y tratan de identificar de dónde viene. La infraestructura de este mundo, aunque rudimentaria, muestra que son una civilización emergente, aunque no tiene el modernismo que se podía ver en otros de los lugares que han alcanzado, sí hay un entramado arquitectónico que nota cierto rasgo de civilización.

Este mundo está poblado por extrañas criaturas que están formadas por dos seres, como si fueran siameses. Uno es de mayor tamaño y es el que tiene la capacidad de caminar; el otro, es una réplica exacta pero mucho más pequeña, que está adherida a su espalda y mira en la dirección opuesta. Ambas forman un solo ser y, al mismo tiempo, son dos entes con mente propia. Sus movimientos están claramente sincronizados y parecen comunicarse entre sí.

Estas criaturas están desnudas, con piel amarillenta, dos piernas y dos brazos cada una. Una luz amorfa brilla sobre la cabeza de la criatura más pequeña: es una mera, como las que cuidaba Tana en Amada Elizabeth1213, que, debido al corazón tan puro que tiene, siempre lo acompaña. Cuando están cerca de Malkú, la luz de la mera brilla aún más. Aunque no pueden verlo, la criatura más pequeña, pareciera sentir su presencia, ya que la más grande lo ignora, pero esta lo observa con curiosidad cuando él pasa a su lado.

El llamado se hace más fuerte al pasar por una edificación totalmente cuadrada, de paredes y techo lisos, sin ventanas ni adornos, salvo por una pequeña abertura rectangular que hace las veces de puerta. Sin embargo, está algo elevada del suelo, casi a un metro, lo que genera dudas sobre si realmente es una puerta o una ventana. Aun así, entran por ahí y se adentran en su interior.

Allí, sentada sobre la cama, encuentran a una figura delgada y de rostro muy bonito, un poco más oscura que los demás, con facciones finas que los hacen pensar que se trata de un ser de género femenino. Su nombre es Katt. Sus ojos oscuros y redondos, junto con su boca rosada y perfecta, les resultan extrañamente familiares.

Malkú, Iraya Kuku y Mati Muy la observan y, casi al mismo tiempo, sienten que la han visto en otro lugar. Es como si no debiera estar allí, no después de tantos años. Algo en ella les provoca la inexplicable sensación de que pertenece a sus vidas pasadas, como si, con solo mirarla, supieran que es parte de ellos sin necesidad de más explicaciones.

Ella los mira fijamente. También puede verlos, lo que les resulta aún más extraño. Entonces, les dice que no recuerda haber estado en ese lugar, que no pertenece a ese mundo.

Tiene las piernas cruzadas en posición de loto, mirando hacia ellos, mientras su gemelo, un niño varón, está orientado hacia la pared. Él se presenta con una mirada traviesa y les dice que su nombre es Mathew. Es rubio, de ojos grandes y vivaces. Mientras ella refleja agonía, él se ve feliz, y su mera parece bailar sobre él. Katt se percata de la presencia de los visitantes y se tranquiliza un poco, aunque sigue sintiendo dolor.

A Malkú le da la impresión de que ella también los recuerda. Justo cuando está a punto de preguntárselo, la joven comienza a convulsionar violentamente, lo que hace que Matt también se agite. Aunque él no convulsiona, parece incómodo, aunque sin dolor.

Malkú se queda inmóvil, sin saber cómo reaccionar. Sin embargo, Iraya Kuku se abalanza sobre la joven y la sujeta para evitar que se lastime. A pesar de estar aterrorizada, logra controlar la situación. Segundos más tarde, las convulsiones cesan, aunque no por completo. La joven queda inconsciente, desmayada, con temblores menos violentos. Matt, en cambio, parece aliviado.

Iraya Kuku les reprocha a Malkú y a Mati Muy por no haber hecho nada para ayudarla, pero ellos siguen paralizados por el asombro ante lo que acaban de presenciar.

Los tres están desconcertados. Están solos en ese lugar, sin nadie que pueda darles explicaciones sobre lo que sucede. Lo más extraño es que la joven parece ser la única que ha podido verlos desde que llegaron. Los demás habitantes continúan yendo y viniendo por las calles con sus meras, sin acercarse ni siquiera mirarlos.

Sobre lo que parece ser una mesa baja, casi a ras del suelo, hay un recipiente con un líquido transparente, sin color. Para comprobar si es agua, Malkú moja un dedo y lo lleva a su boca. Al confirmar que es agua, le dan un poco a Katt, que comienza a despertar, aunque se ve muy débil. Apenas logra beber un poco.

Mientras Malkú la ayuda a beber, Iraya Kuku la observa fijamente y, de repente, recuerda a su hija en la Tierra. Se llamaba Amanecer. En aquella criatura, le parece verla de nuevo. Su hija murió muy joven, después de una larga y cruel enfermedad.

Malkú se da cuenta de lo que está pasando, entonces le dice:

—Si así la ves, es porque es así, recuerda que la madre de los mundos con sus designios es misteriosa.

—O caprichosa —increpa Mati Muy.

Los tres amigos ahora se comunican sin siquiera hablar.

Iraya comprende y le responde:

—Cuando estaba viva, tan enferma, sufriendo, no lo soportaba. Ella tenía sus crisis terribles y mi dolor mayor era ver su sufrimiento y no poder hacer absolutamente nada para calmarlo. No tenía descanso, la enfermedad la habitaba toda y yo no podía hacer nada, solo sostenerle su cabecita y esperar que pasara. Normalmente, eso sucedía a los minutos, pero luego se repetía la crisis, una y otra vez. No descansaba, sufría, en esos instantes pensaba que lo mejor era que muriera para que su agonía parara, pero al mismo tiempo era lo que menos quería y me sentía culpable por pensarlo siquiera. Hicimos todo lo que pudimos, y hasta lo que no, pero fue imposible salvarla. Y cuando murió, continué a pensarla cada día, y la lloré por años. Tenía dentro de mí a Dolor oprimiéndome. Lo único que rondaba por mi mente era una pregunta: ¿por qué le había pasado eso? Era bella, inocente, dulce, inteligente… ¿por qué habría tenido que pasar por tanto sufrimiento? De todos mis hijos allí, ella tenía los ojos más dulces y felices cuando era una niña, antes de que llegara esa horrible enfermedad. Yo me sentía mal, demasiado mal, cuando ella dejó de respirar. Fue la primera vez que vi a la muerte de esa manera. Parecía estar dormida, bella y sonriente. Era mi hija, la primera que di a luz y vi nacer; la amaba. Era tan jovencita, una niña apenas; me abracé a ella, aún suavecita y linda, aunque inerte. Pensé que no había necesidad de separarnos. Si no hubiera sido porque él, su padre, insistió, quizás se habría quedado por más tiempo del debido, ya que yo no aceptaba tener que sepultarla y dejarla de ver para siempre. Seguía doliendo demasiado, a pesar de que aún pensaba en el descanso de su agonía. El recuerdo de su largo dolor de tantos años de enfermedad me atormentaba. Y ahora, como te has dado cuenta, tantos años después, ver a una niña tan enferma me llevó a mi pasado, pero también me hizo pensar que ahora es distinto el tiempo y que quizás no se trate de ella sino de mí, porque ella no lo merece, tal vez quien merezca pasar por esto soy yo.

Aunque sus recuerdos se van al pasado, no tienen el poder para llevarla hasta ese momento, ahora Iraya Kuku se mantiene en el presente, es dueña de su ser.

La familia en la tierra de Malkú e Iraya habían sido marcados por Dolor de todas las formas posibles. Ahora, él mostraría su cara, una máscara que deja ver, a pesar de una sonrisa, que él los habita.

Iraya da un paso atrás con su cabeza mirando abajo y termina diciendo:

—Dolor, él habita por siempre allí, escondido en sus recuerdos.

—Pero antes los había marcado ella, la gran madre de todo. Con el amor más perfecto… el que está guardado por perdón, valentía, bondad —dice Malkú con dulzura para consolarla, tal vez—. Y si así la ves es porque es real, puede ser ella, en tiempo y lugar distinto, que aún te espera, para darte esta vez la oportunidad de salvarla o de mostrarle que no está sola.

Mientras Malkú le habla, Dolor llega acompañado de Desesperanza. Entran a toda velocidad e interponen sus cuerpos entre ellos y la niña, que aún permanece tendida.

Dolor, con su cara demacrada y su rostro desfigurado, los mira desafiante. Desesperanza se sienta al lado de la niña, toma sus manos y también los observa con su expresión triste.

—Aléjense. Aquí ya todo está conjurado, no hay nada que puedan hacer. Ella también morirá y no podrán impedirlo. Me pertenece.

Aunque su voz es lánguida, su poder se siente en el aire.

Entonces, la mera comienza a brillar y Matt empieza a hablar:

—Ella es Kath, y pronto morirá. Está sufriendo mucho, ya no puede aguantar más.

—¿Tú nos llamaste? —pregunta Mati Muy, ansioso.

—Así es, porque, aunque ella se ha dado por vencida, yo aún quiero vivir. La amo y no quiero perderla.

Se lleva las manos a los ojos para ocultar sus lágrimas.

Pero Iraya Kuku sigue sin entender por qué ese ciclo de dolor y enfermedad se repite ante ella. Mientras llora, se pregunta qué debe aprender en esta parte de los mundos para que deje de repetirse de manera tan cruel.

Con profunda tristeza y abatimiento, murmura:

—¿He sido indiferente o cobarde? ¿Es esa la causa? ¿O acaso la Madre de los Mundos no puede interferir en la conciencia de los seres y yo debía ser probada, purgada? ¿Acaso ella debía sufrir para probarme a mí? Es injusto… —expresa entre sollozos desgarradores, sintiéndose culpable por lo que está presenciando.

Kath ya no habla. Débil e incapaz de sostenerse al final, solo se queja, mientras Matt observa su mera, que sigue brillando sobre él.

Malkú está allí, de pie, observando sin hacer nada. No puede dar un paso para consolar a Iraya Kuku ni se atreve a acercarse a la débil criatura para ayudarla. Está inmóvil, pero no por miedo como en otras ocasiones, sino por desconcierto. No sabe cómo actuar ante la tristeza auténtica. No es por indiferencia, sino porque el contacto de ese tipo le resulta ajeno; se siente incómodo, avergonzado, sin saber qué hacer.

Mientras todos permanecen en esta escena surrealista, sienten cómo algo entra. No pueden verlo, pero su presencia es innegable.

El ente se desliza a toda velocidad dentro de la boca de Malkú. No puede evitarlo; el poder es demasiado grande. Al instante, Malkú se desploma como si le hubieran disparado.

Iraya Kuku corre en su ayuda y, en medio de su angustia, lo sacude con violencia, tratando de expulsar lo que sea que haya entrado en él. Grita fuera de sí, pidiendo ayuda a Mati Muy, quien solo observa desde un rincón. No está asustado, sino expectante de lo que fuera que haya poseído a Malkú. Él tampoco sabe qué es, pero Dolor e Impotencia parecen conocerlo… y lo disfrutan.

—¡Es Tentación! —grita de pronto Mati Muy, emocionado al descubrir de qué se trata— Que solo puede actuar a través de un cuerpo, y no lo tiene, porque fue despojado de uno hace mucho tiempo por la misma Madre de los Mundos. ¿Qué mejor, ahora, que tomar el de Malkú? El de Kath ya no le servirá… —concluye Mati Muy mientras ríe con burla, disfrutando el momento.

Malkú viaja hasta su última vida, a los días de su niñez. Se ve a sí mismo entrando a la cocina de la abuela, saltando de felicidad. Pero no está llegando realmente al acto, sino al recuerdo de su madre en la Tierra. La escucha decir, con esa voz cargada de un dolor que viene del alma:

—¿Dónde estás, mi muchacho? Ahora solo queda ese recuerdo de tus primeros años… Como cuando corrías por toda la casa, entrabas a la cocina vestido de Tortuga Ninja o de Superman, mi rubio hermoso, con esos ojos felices, saltando de alegría con esas piernitas flacuchas y esa carita perfecta, pícara, que desarmaba cualquier intento de regaño. ¡Cuánto te extraño, mi vida hermosa, cuánto te amo!

Y puede ver también su corazón, un corazón deformado de tanto dolor acumulado, que sigue quebrándose con cada cumpleaños, cada celebración familiar, cada Navidad, cada fecha que pasa en el calendario desde aquel día en que dejaron de verse, desde la última despedida. Cada año esas mismas fechas vuelven y son una tortura para ese corazón agotado.

Entonces, Malkú vuelve a sentir. Siente ese dolor que lo ahoga, que no tiene forma de ser descrito, tan punzante, tan agónico, que lo atormenta de un modo que lo lleva al límite. Esa es parte de su condena.

Mientras tanto, en Kath 0728, Iraya Kuku trata de despertar a Malkú.

Mati Muy observa la escena, dándose cuenta de todo lo que ocurre allí... y disfrutándolo.

Kath ya no habla. Débil, incapaz de sostenerse, solo se queja al final.

Dolor y Desesperanza se elevan con sus grandes alas y, cuando están a punto de llevarse a la criatura, la mente de Malkú regresa de golpe. Abre los ojos y, aunque está débil, las amenaza con firmeza:

—No se atrevan. Tentación se ha equivocado. No soy yo quien más le conviene, pues ya no hay nada en el mundo que yo desee. Ella es inútil dentro de mí. Soy un dios y ya todo me pertenece. Todo. Incluso ustedes son mías. No son del Oscuro como creen... son mías. Y si quiero, las destruyo. Así que piensen dos veces antes de llevársela de aquí.

Escuchando eso, Tentación lo abandona. Así como entró por su boca, también sale de inmediato, dejando solo un mal sabor, ácido, el ácido de su oscuridad. En cuestión de segundos, la entidad entra en la boca de Mati Muy, quien la recibe con gusto y la saborea, sonriente.

Dolor le responde a Malkú con su voz chillona y lánguida, que aturde:

—Eres un pequeño dios que aún no comprende que nuestra existencia es necesaria para el equilibrio de los mundos. Nos acogemos al Oscuro porque nos alimenta, nos hace fuertes... y nos protege. Juega a ser dios, pequeño imbécil, que nosotras jugaremos el juego de la maldad hasta enloquecerte. Estamos ancladas al misterio del universo, no hay ser en el universo infinito que no me conozca y no serás tú ni ese fantasma quienes lo eviten —dice con voz lastimera a los oídos de Malkú, quien tiene que cubrirlos porque repentinamente han comenzado a sangrar.

Mientras Iraya Kuku, arrastrada por la agonía de Kath, invoca a la Madre de los Mundos. Su voz se quiebra en un ruego desesperado:

—Madre, por favor, te lo imploro… déjala vivir una nueva vida libre. Su ser lo merece, es pura y buena. No le hagas a ella lo que debo recibir yo. Por favor, dale una oportunidad de ser feliz, de disfrutar una vida sin enfermedad ni sufrimiento…

Su grito desgarrador resuena en el aire mientras abraza a Kath, implorando piedad.

Dolor e Impotencia se alejan volando, como si hubieran sido espantadas por aquella súplica. Solo queda el silencio después… y cuando logran reaccionar, se dan cuenta de que Kath no respira. Ni la Mera está allí ni el corazón de Matt brilla.

Iraya Kuku siente, una vez más, el duelo de perder a un hijo. Es el mismo dolor que la atravesó aquella helada mañana del 2 de enero de 1985, en su última vida en el mundo azul, cuando Amanecer murió.

Malkú siente su profundo dolor de madre, hasta el punto de no poder soportarlo. Entonces, toma a Kath y a Matt en sus brazos y los lleva hasta el cielo. La Madre de los Mundos los recibe y los separa. Le da dos hermosas alas a cada uno, los hace libres y los hace como ángeles guardianes. Envia la mera de Mattew a Elizabeth 1213 para que sea restaurada por Tana.

Malkú regresa junto a Iraya Kuku. Juntos buscan a Dolor y a su amiga Desesperanza, pero no las encuentran.

Iraya acepta el intercambio de una vida por otra… y, finalmente, entiende.

Capítulo 19

Cara 130 4GP

Después de ese día, tanto para Malkú como para Iraya Kuku, es difícil restablecerse. Ahora hay mucho silencio entre ellos y las intromisiones de Mati muy son ignoradas. Ni siquiera tienen fuerza para enfrentarlo. Alegría ha dejado de acompañarlos.

Malkú ha perdido el interés por los viajes en el universo, Iraya Kuku también sigue paralizada. Solamente Mati Muy va y viene muy a menudo, pero sin ellos. Ahora lo acompaña Tentación: son inseparables, los dos salen a esparcir su veneno donde ven la oportunidad del embaucamiento.

Un llamado repetido comienza a sentirse de nuevo, rompiendo el largo silencio que los había envuelto, pero el viaje resulta accidentado. En su trayecto, una supernova estalla de repente, tomándolos por sorpresa. La colosal explosión los arrastra fuera de su curso, separándolos en la inmensidad del espacio. La distancia que los divide es tal que, por un momento, pierden por completo la sensación de la presencia del otro después de buscarse por largo tiempo se encuentran.

Iraya Kuku, como fantasma, es inmune al ardor de la supernova. Malkú, en cambio, siente el fuego devorar su esencia, aunque sin llegar a desintegrarlo. Pero es Mati Muy quien sufre las peores consecuencias. Los mil millones de grados de la explosión atrapan toda su humanidad, chamuscándolo sin piedad. La presión es insoportable, incluso para Tentación, quien lo abandona de inmediato, dejando su cuerpo ennegrecido y solitario. Al ver a la serpiente retorciéndose sin su nueva e inseparable amiga, de la que tanto alardeaba, una risa burlona brota en los rostros de sus compañeros.

El llamado se intensifica y, al fin, llegan a un mundo distante: CARA 130 4GP. Un lamento angustioso, desgarrador, resuena en el aire y se clava en Malkú como un eco que viene de tiempos pasados.

CARA 130 4GP es un planeta completamente circular que orbita en solitario alrededor de una estrella enana roja. Su órbita elíptica lo mantiene atrapado en un ciclo constante, y su característica más llamativa es su superficie dividida en dos mitades opuestas e inmutables: una cara de un suave tono rosa y la otra, sumida en la más absoluta oscuridad. La cara rosa siempre mira hacia su estrella, bañada en su luz tenue, mientras que la cara negra permanece en una eterna sombra, observando el vacío infinito del universo. Jamás intercambian su posición.

Sin dudarlo, los tres deciden dirigir su aterrizaje hacia la cara rosa, evitando la inquietante negrura del otro lado. Allí, ante sus ojos, se extiende un paisaje de belleza surrealista: enormes glaciares rosados brillan como gigantescas piedras preciosas iluminadas desde su interior, reflejando la luz en mil destellos. Ríos del mismo tono fluyen lentamente, con una sustancia viscosa pero transparente, tan pura que permite ver el fondo, donde diminutas piedrecillas emiten rayos de luz en una danza de colores vibrantes.

La vegetación, aunque limitada, crece en tonos básicos de saturación tenue, predominando los amarillos pálidos. A pesar de su extraña apariencia, cada hoja y tallo parece irradiar una sutil sensación de vida y alegría, como si el propio planeta respirara suavemente bajo su luz rosada.

Siguiendo el curso del río, ven a la distancia una pequeña aldea de color grisáceo con casitas anchas y chatas de techos cónicos, con chimeneas de las que sale humo color rosa. Esa vista de colores tenues es como ver una pintura hecha con acuarelas. Iraya Kuku queda fascinada con la imagen. Malkú se mantiene indiferente al paisaje: está concentrado en encontrar la fuente del llamado que los ha traído hasta aquí.

Y justo antes de llegar, como si los estuviera esperando, a la orilla del camino se encuentra una pequeña ángel blanca, regordeta, con cachetitos graciosos y una boquita en forma de corazón. Sus ojos, negros como su cabello, y sus alas rosadas y brillantes resplandecen al igual que las piedrecillas del río.

Al verlos, sonríe tímidamente y los saluda:

—Sean bienvenidos —dice con una mezcla de timidez y picardía—. Los he estado esperando mucho tiempo, pero los esperaría aún más.

Mati Muy, retomando su apariencia con una extraña y rápida muda de piel, se acerca a la niña, siseando de manera libidinosa. Iraya Kuku, al darse cuenta de sus intenciones, golpea directo a su cabeza, lo que hace que tropiece y se dé un fuerte golpe en la boca. Todos se ríen, menos él.

Malkú, finalmente, se presenta. Está encantado con la dulce chica, que también tiene un aire coqueto.

—¿Qué te ocurre? ¿Por qué nos has llamado? —pregunta Iraya Kuku, intrigada.

—Como ya se han dado cuenta, soy ángel guardián de mi mundo, aquí siempre hay fiesta y como somos pocos y todos nos conocemos y somos amigos o familia, todos en mi mundo tienen un gran amor unos por otros. Aquí la felicidad solía ser infinita.

Ella los invita a seguirla, y juntos caminan hasta las casas, que se ven mucho más hermosas de cerca. Sus paredes están decoradas con escrituras extrañas talladas en la piedra, y hermosas y vivaces enredaderas de colores claros caen desde los techos.

—¿Por qué dices que solía ser infinita? ¿Acaso ya no lo es? —pregunta Mati Muy, simulando que no le duele el golpe recibido, e ignorando el enorme chichón que ha brotado de su cabeza.

—Así es —responde la pequeña ángel—. Algunos de nuestros pobladores han mostrado un desconocimiento que raya con la testarudez, lo que hiere profundamente a los demás, pero sobre todo a mí. El oscuro nos ha visitado varias veces últimamente, lo cual es muy extraño, porque ni siquiera se había fijado en mi pequeño mundo, que además no tiene mucho para ofrecerle. Viene, disfruta un poco de las fiestas, observa mucho sin decir nada, y luego se va. Sin embargo, quien ha hecho mucho daño es su furia. No la soporto. Se pavonea por donde quiere con ese chillido asqueroso, dejando un rastro de fuego. Después, tenemos un gran trabajo por hacer, lo que nos deja exhaustos y reduce considerablemente nuestra agua vital al tratar de apagarlo. Tengo miedo de que un día no haya más, y que seamos áridos y sin vida, como los mundos que él ya ha contaminado y destruido antes.

—Es muy extraño… ¿Qué busca el oscuro aquí? Pero aún más extraño es que él mismo se presente y se deje ver como si nada —añade Malkú, intrigado.

—Necesitaremos un poco de tiempo para saber qué ocurre. Si nos permites, nos instalaremos aquí. Tendremos que juntarnos con los habitantes de tu mundo. Casi siempre, el oscuro ataca contaminándolos con algún ser maligno, y para descubrirlo, debemos observar —responde Iraya Kuku.

—Claro que sí, tómense todo lo que necesiten, son bienvenidos —responde ella, y, diciendo esto, prepara sus alas para marcharse.

Cuando está a pocos centímetros del suelo, Mati Muy la detiene, agarrándola de un pie.

—¿Sabes cuándo llega el oscuro? Él y yo somos grandes amigos, ¿sabes?

Cara lo mira, extrañada, y sin responder sigue su camino.

—Qué impertinente. ¿Qué quieres, que no confíe en nosotros? ¿Qué ha de creer, que no somos parte del bien, sino del mal? ¡Insensato! —y, de nuevo, Iraya Kuku lo golpea.

Mati Muy se abalanza sobre ella, pero Iraya Kuku se hace humo al instante.

—Yo, por lo menos, acepto y disfruto lo que soy, y no me hago el bueno como otros, cuando les conviene —responde Mati Muy, insidioso.

De a poco, los habitantes de Cara 1304 comienzan a salir de sus casas. Algunos con sonrisas de bienvenida, y otros, ajenos, ignorándolos. Fingen no verlos.

Todos tienen formas humanas, un poco robustos, más bien regordetes, alegres y parecidos en fisonomía a Cara.

Hacen círculos a su alrededor, tocando tímidamente con sus manitas gorditas a los tres. Algunos miran a Mati Muy con recelo, mientras otros juegan a jalarlo de la cola y se esconden unos detrás de otros, bromeando. Iraya Kuku juguetea con los más chicos, a veces dejándolos tocarla, otras no, lo que los desconcierta. Pero al final, todo se convierte en un juego que los hace reír.

Malkú, en cambio, orgulloso de sí mismo al ver cómo lo miran las mujeres, se pavonea brillando y alardea mostrando sus alas. Esto no le gusta a Iraya Kuku, pues parece creerse superior, lo que no debe ser propio de un dios. A ella no le gusta esto, además teme que invoque a Orgullo.

Una alegre pero sencilla anciana se dirige a ellos con dulzura.

—Sean bienvenidos a nuestra aldea. Me llaman Dora, y soy la anciana y guía de todos los que aquí viven. Cara nos ha dicho que los tratemos como a sus mejores invitados. Sabemos que uno de ustedes es un gran dios y nos complace su visita. En su honor hemos preparado un gran banquete. Esperamos que sea de su agrado.

Mati Muy toma la delantera hacia donde los guía la mujer, como si él fuera el gran dios al que ella se refiere. Iraya Kuku detiene a Malkú cuando intenta seguirlo.

Ambos se atribuyen para sí mismos la calificación.

—Calma, Malkú, a veces el líder debe ir último. Desde atrás, observarás mejor —dice Iraya, mientras continúa avanzando. Malkú la sigue, pero ella lo hace también como una señal de humildad.

Él obedece.

Sigue el camino escarpado hasta lo alto de una montaña. En la cima, hay una gran casa al lado de un despeñadero. Adentro, los techos son altos, y hay mucho espacio con muchas mesas y sillas. Todo está adornado y una gran cantidad de comida con distintos aromas los espera.

Primero entra Mati Muy, ocupando un lugar en la mesa más grande, pavoneándose, sacando pecho y exhibiendo su insignia de personitas de origami, de la que se siente tan orgulloso. Sube a la silla principal.

Atrás llegan los demás.

A la entrada hay un gran pájaro, tan grande como Malkú, con patas largas, ojos saltones y plumas grises. Lleva un collar color café y está parado guardando la entrada, a la izquierda. A la derecha, una mujer joven, regordeta como los demás, pero vestida un poco más elaborada que los otros, también está de pie.

Iraya Kuku pasa de largo, pero cuando Malkú intenta avanzar, el pájaro gigante con su gran pico lo ataca, sin hacerle daño. Finalmente, Malkú entra. Detrás de él sigue la anciana y el pájaro también la ataca, pero con violencia, y desde allí, Malkú, mirando hacia atrás, la ve caer de cabeza por el precipicio. La mujer en la entrada ríe, pero nadie hace nada. Todos ignoran lo sucedido. Malkú, estupefacto, tampoco reacciona. Dos mujeres que siguen en turno, que habían intercambiado calzado entre ellas, llevando una los zapatos de la otra, pasan de largo, saludando amablemente, también ignorando lo que acaba de ocurrir.

Luego llega una mujer con botas rojas hasta la rodilla y un vestido escarlata. Sin embargo, la mujer de la entrada no quiere dejarla entrar al banquete por no llevar vestido. La mujer que guarda la entrada insiste en que está desnuda y se niega a dejarla pasar, aunque Malkú la ve vestida. Al final, la mujer de rojo logra entrar.

Finalmente, Malkú sigue, dejando atrás las extrañas situaciones que se presentan con cada uno que llega. No quedan sillas vacías, así que se dirige hasta el fondo, donde salen vapores y se escucha mucho ruido. Pide prestada una silla allí en la cocina, le entregan dos y las marcan con números en la parte de atrás. Malkú ve cómo escriben los números, pero inmediatamente se borran y no puede recordarlos, por más que lo intente.

En la mesa ya están Iraya Kuku y Mati Muy, y allí se acomoda junto a ellos y otros regordetes anfitriones. Comen hasta saciarse, pero nadie menciona a la anciana. La mujer vestida de rojo y botas escarlatas baila alegremente toda la noche, mirando fijamente a Malkú, quien no se atreve a mirarla porque todos allí dicen que está desnuda. Sin embargo, tanto Iraya Kuku como Mati Muy, al igual que Malkú, ven su ropa, no su desnudez.

Al terminar y despedirse todos, Iraya sale a investigar, pero no encuentra ni el cuerpo ni rastro de la anciana. Cuando salen de nuevo, el pájaro picotea un poco más fuerte a Malkú, quien sale a toda prisa, cubriéndose la cabeza. Cuando está afuera, despliega sus alas, retando al ave, pero este lo ignora. Mati Muy, al salir, se enreda con él y luego sigue. Ambos sienten placer.

Sienten mucho sueño los tres. Al bajar la montaña, un hombre joven les ofrece alojamiento en su hogar. No se resisten, pues casi no pueden sostenerse de pie, adormilados completamente. No saben cuánto tiempo duermen, pero cuando despiertan, siguen con mucho sueño.

Iraya Kuku pone todo su esfuerzo por incorporarse, y así lo hace también con Malkú, quien al principio se resiste, pero luego sospecha de su estado y, con dificultad, se levanta. A Mati Muy, sin embargo, lo dejan enroscado, roncando y silbando, tal como lo encontraron.

Salen de allí sin ver a su anfitrión y a quien fuera que encuentran allí afuera les preguntan por el oscuro, por la furia, por la anciana, pero nadie sabe nada. Al oscuro no lo conocen, de la furia no tienen idea —tan solo nombran algunos incendios que atribuyen a la sequía que han tenido en algunas aldeas—, y la anciana… para ellos es normal que se ausente y que a veces viaje hasta la parte oscura de CARA 130 4GP para reunirse con la anciana sabia de aquel lado de su mundo. Cuando indagan por aquel lugar tampoco hay respuestas, pues ninguno lo conoce: alegan que siempre han estado de este lado porque la oscuridad les causa temor.

Sin obtener mayores indicios de lo que ocurre, pero con muchas sospechas sobre todo y todos, deciden trasladarse al lado oscuro. Este no es un mundo pequeño, así que las distancias son largas, aunque no tanto como en el vacío del universo. Para alcanzar el lado oscuro con rapidez, Malkú despliega sus alas y los tres vuelan.

Mientras avanzan, ven aldeas y bosques abajo. Sin embargo, a medida que se acercan al lado oscuro, empiezan a aparecer desiertos y grandes extensiones de bosques quemados. Algunos aún desprenden humo, pero el humo es rosa.

Cuando están a punto de cruzar hacia la oscuridad, deciden descender. Además, Malkú empieza a sentir una gran dificultad para mantener su vuelo, como si la gravedad ahora lo llamara con más fuerza.

El cambio no es como lo esperaban. No pasan de la luz a la oscuridad de golpe, sino que el entorno parece un atardecer. Poco a poco, la luz va desvaneciéndose. De una iluminación completa, pasan a la sombra, y luego, finalmente, a la oscuridad total.

241

Justo allí está Porfía, grande, de mal carácter y con sus alas verdes. Lucha contra una mujer anciana, pero ella no parece realmente una anciana. Porfía se alimenta de larvas mientras vuela. Viste una túnica larga y blanca, y su cabello es rojizo.

Malkú e Iraya Kuku no se acercan demasiado; quieren descubrir quién es el ser que se atreve a luchar contra la monstruosa Porfía. Solo alcanzan a ver que se trata de Dora. En el instante en que Dora nota que Porfía se distrae con la presencia de los recién llegados, huye.

Cerca de ellos hay un gran puente, y debajo, rieles de ferrocarril. Desde el puente, miran cómo un tren pasa lentamente por debajo, internándose en la oscuridad. Está muy abajo y avanza despacio.

A través de las ventanas del tren, ven algo escalofriante: una larva gigante lo llena por completo. Es regordeta y de color café, y se extiende desde su cabeza, con enormes ganchos bucales, hasta su parte posterior, ocupando todo el interior del tren.

Malkú intenta volar o al menos levitar, pero algo lo detiene, lo distrae… o lo llama.

Entonces, de la nada, es trasladado a una tarde en su vida anterior en la que jugaba siendo un niño de nueve años.

Está en silencio, distraído, con pequeños guerreros de plástico alrededor, sentado en el suelo sobre el pavimento gris. Está en un pequeño patio sin techo iluminado por el sol. Adentro, en las habitaciones, con las puertas abiertas hay mucha oscuridad. Cuando ve aquel cuarto oscuro, vuelve al presente y se ve cayendo desde el puente hasta las vías del tren. Siente el vacío de la caída y atrás a Iraya Kuku que trata de cogerlo, pero no lo logra. No alcanzó a reponerse del paso de mundos y se estrelló contra los fuertes rieles.

Golpeado, pero no adolorido, le toma un poco de tiempo para que su cuerpo tome forma aceptable a la vista y cuando siente que se puede levantar, una mano se extiende hacia él para ayudarle a levantarse. Malkú mira hacia arriba: es Porfía, un ser muy grande, con casi dos veces el tamaño de Malkú.

El muchacho acepta la ayuda con cierto temor y, de forma retadora, la toma.

En el momento en que su mano se encuentra con la de Porfía, siente su fuerza: es aplastante. Su mano, que acaba de recuperar su forma al encajar los huesos uno por uno, vuelve a ser deformada por la presión brutal de Porfía. Aunque parece un simple apretón, para él es una prueba de resistencia, una demostración de poder.

Malkú intenta resistir, pero es inútil. Sus huesos crujen como astillas partiéndose bajo la presión.

Cuando Porfía finalmente lo suelta, Malkú lleva su mano —o lo que queda de ella— hacia su espalda, ocultando el daño mientras esta empieza a regenerarse. Porfía se burla con una sonrisa cínica.

—¿Qué buscas aquí, hijo de la Gran Madre? —pregunta, señalando la oscuridad que casi los envuelve—. ¿Acaso es eso?

En ese instante, Iraya Kuku los alcanza.

—Pero mira quién llega —dice el ser maligno con ironía—. Bienvenida. ¿Tú también quieres pasar?

Iraya Kuku lo ignora y se dirige directamente a Malkú.

—No debes seguir dejándote influenciar por tu vida pasada —le dice con seriedad—. Ya basta, y mucho menos en este momento. Caíste y ni siquiera te diste cuenta. Yo vi dónde estabas, pero me mantuve alerta aquí. ¿Por qué tú no lo hiciste?

—El paso debe ser purificado de recuerdos y emociones —dice Porfía, soltando una carcajada estruendosa—, y ya veo que tu Dios no lo hizo.

Al decir esto, se eleva varios metros del suelo y los mira con desafío, lista para atacar.

La mente de Malkú se debate entre lo que acaba de escuchar, sus propios recuerdos, lo que siente por ellos y la realidad de que un gran monstruo, que claramente lo odia, está a punto de atacarlo. Pero en lugar de aclarar su mente, se aturde aún más. Su confusión alimenta la energía del monstruo, haciéndolo más poderoso.

Iraya Kuku es la primera en caer. Recibe un ataque frontal que la lanza fuera de Cara 1304 4GP, dejándola desorientada en el espacio. Cuando reacciona, no puede sentir a Malkú; su ser parece haberse apagado. Desesperada, busca a Mati Muy, sabiendo que al menos él podría guiarla de regreso. Pero la astuta serpiente lo sabe y la está esperando, no en ese mismo lugar, sino en una galaxia lejana. Se deja sentir con facilidad y la atrae hasta allí, alejándola aún más de Malkú.

Malkú es el siguiente en ser atacado. Porfía no lo lanza lejos; en cambio, lo aplasta bajo su pie, presionando con fuerza sobre su pecho. Malkú lucha por liberarse, pero es inútil.

Porfía le acerca una larva gorda y retorciéndose entre sus dedos.

—Come —ordena.

Malkú cierra la boca con fuerza, negándose a recibirla.

—¡Come! —insiste Porfía con un tono más violento, acercándole aún más el repugnante ser.

Al ver que Malkú se resiste, la bestia aplasta la larva contra su rostro. Sus fluidos calientes se esparcen sobre su piel, dejándole una marca roja donde se deslizan.

Entonces, Malkú siente dolor de nuevo. La quemadura lo hace recuperar sensaciones corporales que creía haber perdido. Y con el dolor, vuelve a sí mismo.

Lanza un grito tan fuerte que Iraya lo siente desde la distancia.

Malkú se incorpora con furia, arrojando a la bestia del lado oscuro lejos de él. Se prepara para seguirla y acabar con ella, pero de repente, la anciana se interpone en su camino.

—Si pasas, no regresas —dice la mujer con firmeza.

—No solo regresaré, sino que la mataré —responde Malkú, con el rostro desfigurado por el ácido de la larva y la ira que lo consume.

Pero la mujer no se aparta.

—Ya la has matado. Por lo menos aquí, ya no volverá. No puede. El lado oscuro es pesado y fuerte. No habla, solo te consume y te arrastra al vacío, de donde no se puede regresar.

—¿Acaso no ves que soy un Dios? Haré lo que quiera. ¡Apártate!

Pero ella insiste.

—Estás mintiendo. Tú vas y vuelves, lo dijeron cuando preguntamos en la aldea. Además, caíste del risco y no te ha pasado nada. ¿Qué eres?

Malkú, furioso, la toma del cuello y la empuja hacia la oscuridad.

—¡Por favor! —implora ella—. ¿Acaso no ves que no estoy viva? Ni siquiera puedes sentirme y no te has dado cuenta. Nunca entro allí, solo me acerco. He tratado de expulsar a Porfía una y otra vez, pero ella siempre gana. Tú no eres el único que regresa, Malkú. Yo también he tenido mi oportunidad, aunque no soy un Dios.

Pero Malkú la empuja demasiado cerca. De repente, una fuerza invisible la arranca de sus manos, arrastrándola hacia la oscuridad.

Las manos de Malkú rozan aquella negrura y siente cómo lo absorbe. Un terror helado lo invade. Con un esfuerzo desesperado, retrocede. La inercia de la fuerza lo lanza hacia atrás, cae de espaldas y, con las manos, se impulsa para alejarse más. La sensación de que aquello intenta alcanzarlo lo llena de pánico.

Se incorpora de golpe y corre, sin detenerse, hasta que se encuentra completamente bajo la luz rosa.

Capítulo 20

Conquistadores. Rey Albert 0815

Este es un mundo distante, ubicado en una constelación llamada Pegasus. Malkú y sus amigos nunca han pasado por esta parte del universo, pero esta vez los han llamado desde aquí. El llamado no tiene voz, sino que es una imagen que se repite en la mente de los tres a la vez. Como si estuvieran alucinando, ven una luz violeta que ondea y los perturba.

Este mundo está en plena conquista de sus territorios, sumido en una guerra total. Ha sido dividido en imperios, cada uno con su propio rey, pero todos ansían convertirse en el soberano universal. Nadie quiere compartir el vasto territorio. Los reyes gastan toda su riqueza en defensa o conquista, y así ha sido siempre. De los muchos territorios que existieron por generaciones, ahora solo quedan tres. Muchos reyes han sido derrotados, perdiendo su territorio y, con él, la vida.

Un rey actual está en medio de una asamblea, sentado en un inmenso trono hecho de un metal extraño. No brilla, pero ejerce una fuerza de atracción. Es negro y el rey, sentado sobre él, no lleva corona ni cabello. Solo viste una túnica violeta sin adornos, una tela extraña que parece tener vida propia, moviéndose sobre su figura como si, además de cubrir su desnudez, lo acariciara.

A su alrededor, una gran pared de cristal en forma circular lo separa del resto de la asamblea.

Malkú, Iraya Kuku y Mati Muy reciben un llamado de ayuda desesperado que proviene justo de allí, de esa inmensa edificación semicircular. Cuando llegan, nada se altera, lo que les hace pensar que no han sido vistos ni sentidos. Y como en algunos mundos son visibles y en otros simplemente no. Esto les hace reflexionar sobre la existencia de dimensiones del lado visible y del lado invisible, coexistiendo al mismo tiempo, al igual que ocurre en el mundo azul llamado Tierra.

Al otro lado de lo que parece ser un muro de protección para el rey, hay una enorme mesa de piedra tallada. Más de treinta personas están sentadas alrededor. Destacan tres jóvenes de gran belleza, elegantemente ataviados. Los demás son ancianos con túnicas blancas sencillas y siete soldados o guerreros de alto rango, cuya imponente indumentaria de guerra lo sugiere.

El ambiente es tenso. Solo el rey habla, con una voz fuerte y ofuscada, aunque hace pausas entre palabras, como si le costara tomar aliento. Su ceño está fruncido y, al hablar, aprieta los puños contra los reposabrazos de su extraño trono.

Malkú, Iraya Kuku y Mati Muy logran comprender, desde su posición, que el rey morirá pronto y necesita un heredero. Aunque no han sido notados, evitan acercarse demasiado por temor a ser percibidos.

El rey da un discurso que es escuchado en absoluto silencio. Nadie lo interrumpe ni lo contradice. Al final, exhausto, ordena que lo dejen solo.

Uno de sus hijos se aproxima, pero el monarca lo insta a retirarse con un simple gesto de la mano. Antes de marcharse, cada persona se inclina profundamente frente a él, casi tocando el suelo con la cabeza, y luego salen sin pronunciar palabra.

Cuando la puerta se cierra, el rey suspira y, en ese mismo instante, su túnica se extiende hasta tocar el muro transparente, como si intentara escapar de allí. Sus ojos se abren y dirige la mirada hacia Malkú, Iraya Kuku y Mati Muy. Con un simple movimiento de la mano, les indica que se acerquen.

El hombre no es de gran tamaño, pero su presencia impone autoridad. Los tres avanzan con cautela, extrañados de que él pueda verlos, mientras los demás parecen ignorar su existencia.

Al otro lado, la túnica, o lo que fuera aquella cosa, se mueve como si también pudiera observarlos. Primero llega Mati Muy, y la tela toma su forma, imitando la silueta de una serpiente. Cuando Malkú se acerca, ocurre lo mismo, pero esta vez la tela cambia entre su forma humana y la de un perro, incluso imitando sus alas. Aunque Malkú permanece inmóvil, sin transformarse, la cosa púrpura parece ver todas sus formas, aun cuando él no las está manifestando. Sin embargo, a Iraya Kuku no la imita.

—Bienvenidos. Soy Albert, rey de Akala, el imperio más grande de este mundo —dice el monarca. Mientras habla, la túnica regresa a su cuerpo, ondulando como si estuviera viva.

Malkú pregunta con cautela:

—Soy Malkú, ella es Iraya —señala a su compañera—, y él es Mati Muy. ¿Usted nos ha llamado?

—No fui yo, fue Bala —responde, acariciando a la suave tela viviente—.

Luego añade:

—Os la presento. Mi amada compañera. Mi vestido, mi asesora y guardiana. Mi mejor guerrera.

—¿Está viva? —pregunta Mati Muy con curiosidad.

—Así es. Viva e inmortal.

—¿Puedo tocarla? —insiste Mati Muy, impaciente.

El rey suelta una débil carcajada.

En ese instante, la tela se lanza violentamente contra Mati Muy, pero el muro de protección impide que lo alcance.

—Mejor no lo hagas —advierte el rey—. Este muro transparente no es para protegerme a mí, sino para proteger a los demás de Bala. Tiene un apetito insaciable. Ella los llamó, ella los sintió... y si pudiera, también los destruiría.

—¿Qué es ella? —pregunta Iraya Kuku, sintiendo la inmensa fuerza y el poder que emana de la criatura púrpura.

—Es plasma —responde el rey con frialdad, sin dar más explicaciones.

—Entonces... ¿nos ha llamado para asesinarnos? —inquiere Iraya Kuku, sin inmutarse.

—Estoy a punto de morir. Soy poderoso, tengo demasiados enemigos y pocos herederos, aunque solo uno ocupará mi lugar. He pasado mi vida tratando de ser el único rey de este mundo. He planificado las conquistas más inverosímiles, he traicionado, asesinado y devastado todo lo que se ha interpuesto en mi camino. Muy poco me falta para ser el único, el absoluto.

Se queda en silencio por un momento, su mirada se pierde en el vacío. Bala lo cubre por completo, dejando solo su rostro al descubierto, como en un abrazo. Luego, su mirada vuelve.

—Pero el tiempo también terminará para mí pronto, y tendré que elegir entre uno de los hijos que esta vida me ha dado. No he podido hacerlo... me sobrepasa esta difícil decisión —confiesa con un gesto que mezcla agonía y decepción—. Ni Bala ni Grondo —acaricia el trono, dando a entender que se refiere a él— quieren aceptar a ninguno de ellos. Pero parece que a Bala le ha gustado el chico —dice, señalando con sus débiles dedos a Malkú.

—Él es un dios. El único heredero de la Madre de los Mundos. Quizás por eso ella lo quiere —interviene Mati Muy, intrigado—. A mí también me mira.

—Pues no sería mala idea, Mati. Así pasarías tu vida gobernando en este lugar y nosotros nos libraríamos de ti —responde Iraya Kuku con una sonrisa sarcástica—. A lo mejor, si quieres pasar al otro lado, puedes probar si ella te acepta. Con solo tocarla, te darás cuenta.

—¡Silencio! —interpela el rey Albert, visiblemente disgustado por la discusión—. Hoy he dado instrucciones. Mañana invadiremos Malkara, el imperio que posee las aguas más altas y frías. Mis hijos atacarán al amanecer. Los malkarianos son feroces guerreros; mis hijos tendrán que ganar, o de lo contrario, los desheredaré a todos y daré mi trono a quien acepte a Bala. Ella elegirá.

Mira fijamente a Malkú, y en ese instante, Bala se abalanza contra el cristal, tomando la forma de Malkú. Brilla con la misma intensidad con la que Malkú y la Madre de los Mundos podían hacerlo...

Malkú da un paso atrás. El golpe de Bala contra el cristal lo ha asustado, pero más aún le inquietó su capacidad de brillar.

—Estoy cansado —continúa Albert—. Los he puesto a prueba de muchas maneras, pero para Bala, el heredero perfecto no es solo un guerrero fuerte, un tirano o un gran estratega. Tampoco basta con ser un asesino despiadado. No es eso lo que necesitamos.

Hace una pausa y luego señala a los tres, incluyendo a Bala y Grondo en su declaración:

—Necesitamos un heredero al que mi pueblo siga, alguien cuya sola presencia infunda respeto y temor, alguien que inspire obediencia absoluta y confianza total.

Albert nunca sale de su fortaleza. Desde que el plasma Bala lo ha encontrado, ya no es humano. Su vida dependía de ella, pero ahora parecía que Bala ya no lo considera imprescindible. Quizás busca un cambio, juventud, energía renovada.

Solo en contadas ocasiones Albert abandona su refugio, cuando la batalla en el exterior se torna encarnizada y su poder se ve realmente amenazado. Entonces, en el último momento, emerge junto a Bala y la libera. Ella devasta todo lo que toca, asegurándole la victoria. En realidad, su poder no es suyo, sino de aquel ser púrpura.

Sin embargo, Bala se niega a dejarlo ir. No es Albert a quien se aferra, pues él no es más que un huésped. Lo que ella no quiere perder es la sensación de necesidad absoluta que él le brinda. Pero sus hijos no parecen cumplir sus expectativas.

Por eso, ahora, Bala se ha fijado en Malkú.

—Déjenme solo, estoy agotado —ordena Albert, haciendo un leve gesto con la mano para que se marcharan, como si el dios fuera él y no Malkú.

Pero a Malkú esto ya no le importa. Ahora conoce a Humildad perfectamente. Sabe que detrás de tanta arrogancia no hay más que algo efímero, algo que tarde o temprano termina en una derrota. Mientras que, para él, ya no hay fin.

Iraya Kuku teme a la criatura púrpura, pero Mati Muy la desea. Su ambición, siempre latente, ha despertado de nuevo con fuerza. Cuánto la ansía, cuánto se regocija en su deseo.

Mientras el rey dormita en su cuarto de cristal, Iraya Kuku, Mati Muy y Malkú salen a recorrer el lugar. Tal como lo habían sospechado, nadie se percata de su presencia. Lo que sí ven es una megaciudad de escaso avance tecnológico, pero increíblemente rica. Su desarrollo es tardío, pero sus necesidades están más que cubiertas.

Su pueblo se siente protegido por su rey, a quien veneran y al mismo tiempo temen. Le atribuyen poderes inconmensurables, dignos de un dios. Se enorgullecen de habitar el imperio más poderoso de aquel mundo y, con gusto, ofrecen a sus mejores hombres para protegerlo y ayudar en sus constantes batallas.

Los paisajes les recuerdan mucho a la Tierra, el mundo azul de Iraya Kuku y Malkú en su última vida. Es hermoso, con vastas llanuras y cielos despejados. También tiene una estrella que los ilumina, pero su luz es de un tono púrpura, igual al resplandor de Bala. Esto los lleva a preguntarse si aquella criatura proviene de allí o si, de algún modo, forma parte de él.

Mientras exploran aquel mundo, sobrevuelan extensiones de tierra completamente devastadas. Nada ha sobrevivido a lo que, al parecer, han sido incendios voraces.

—Parece que la chica estuvo aquí —exclama Mati Muy con entusiasmo mientras surcan los cielos sobre aquel paisaje lúgubre.

Sin embargo, no todo es destrucción. También hay lugares espléndidos, paisajes majestuosos protegidos por altísimas murallas y custodiados por guerreros fuertemente armados. Sus armaduras, de un amarillo incandescente, brillan bajo la luz púrpura del sol. Los asentamientos no son tan grandes como Akala, pero emanan una serenidad que la bulliciosa capital carece.

A lo lejos, divisan humo y escuchan el estruendo del combate. Se acercan y ven el campo de batalla: una encarnizada lucha entre los malkarianos y el ejército de Albert ha comenzado.

—¿Les damos una mano, Malkú? —pregunta extasiado Mati Muy.

—¡No! —le grita Iraya Kuku— No intervendremos. Finalmente me parece que quien nos llamó no es precisamente quien necesita ayuda.

Así que van a lo alto de una montaña desde donde pueden ver aquella batalla.

Se atacan con ferocidad, además los acompaña la gran Ambición. Ella sí que mira a Malkú: se pavonea y eleva sus alas grandes rojas cada vez que vuela cerca de él. Al parecer no solo Bala tiene poder sobre Albert, sino también este ser abominable y ahora poderoso en los mundos. Desde que Orgullo y ella se han vuelto inseparables, una alimenta a la otra llenándose de oscuridad y maldad. Orgullo invoca al mal y Ambición, envenenada ahora, es capaz de hacer lo que sea por cumplir todos los deseos de Orgullo, que son cada vez más insaciables. Al Oscuro eso le gusta, él las usa, con mucha frecuencia, como armas en la guerra de los mundos.

Los otros se defienden con desesperación, sabiendo que, una vez traspasada la muralla, la única opción será el fracaso o la humillación de la rendición. Si ganan, el triste premio será que Bala los visite, y eso es aún peor.

Iraya Kuku siente lástima y el impulso de ayudarlos; ella también sabe que su destino está tristemente sellado.

El ejército de Albert está obligado a ganar; para ellos también sería humillante llevar a Bala, pues sería aceptar su derrota y reconocer que, sin Bala, Akara y Albert no son nada.

Es una batalla triste, mucho más que las que han presenciado antes en otros mundos.

A lo lejos, entre los caídos, se distingue lo que parece ser uno de los hijos del rey Albert. Está boca arriba, con una lanza dorada atravesándole el cuerpo. El color violeta de su ropa lo diferencia de los otros caídos. También hay sangre roja, igual que la de los seres del mundo azul.

Mati Muy disfruta tanto del vuelo y la ostentosa exhibición de ambición como de la sangre derramada en la cruel batalla. Malkú, si quisiera, podría detener la avanzada con un pequeño esfuerzo, pero también teme a Bala, pues nunca se ha enfrentado a un ser de su naturaleza. Así que no quiere provocar su llegada.

Entonces, deciden solo observar y esperar el desenlace.

Finalmente, los guerreros de Malkara caen uno a uno. Algunos mueren de manera heroica, mientras que otros se rinden, vencidos por el peso psicológico de un desenlace inevitable. La humillación es lo menos peor, considerando la extinción y el daño permanente que sufrirán si logran derrotar a los adversarios de Akara.

De la misma manera, los ganadores no celebran con entusiasmo. Su honor queda mancillado por la escasa resistencia que encuentran al final. Sus adversarios, al saber su destino, comienzan a pelear con desgano. Así, ganan de mala gana y terminan actuando como una plaga de autómatas asesinos.

Sin embargo, al regresar a Akara, en la asamblea, los hijos de Albert muestran con orgullo su trofeo, magnificando su victoria. El primero en hablar es Daniel, el hijo mayor, fuerte y de buena postura, muy blanco, con ojos chinos y pequeños. Su rostro dulce no hace juego con su postura de guerrero.

—Padre, he traído para ti las llaves de Malkara. Ahora formará parte de nuestro imperio. Ha sido fácil para mí vencer a esos cobardes —dice, sacando pecho y levantando las llaves con su mano derecha, mostrándolas con orgullo.

Malkú, Iraya Kuku y Mati Muy sienten algo extraño en su forma al hablar. Cuando Daniel termina de hablar, se quita el casco de su armadura, dejando caer un largo y brillante cabello negro que ondea de manera femenina. Daniel es una mujer.

El segundo en hablar es Kareg. Es mucho más bajo de estatura que su hermana mayor, pero comparte los mismos rasgos físicos, aunque sus ojos pequeños son sonrientes, no tan serios como los de Daniel.

—Padre, mi hermano de otra madre ha muerto. Si quieres llorar, hazlo, aunque creo que no lo harás. Sé bien que nunca lo amaste. Mis dos hermanos de madre y yo hemos regresado triunfantes esta vez. En todas las tierras de este mundo nos temen. Debes sentirte orgulloso. Falta poco para que seas el único rey, absoluto, comparado solo con un dios, y ahora es gracias a nosotros, tu misma sangre, tus hijos, tu legado —dice, y termina lanzando una lanza dorada bañada en sangre que lleva en su mano izquierda.

La lanza choca contra la pared, sin romperla, pero sí atrae a Bala hacia ella. Bala se acerca y toma primero la forma de la lanza, luego la forma del hijo muerto en batalla, y finalmente imita la de Kareg, quien también se ha quitado el casco. Igual que su hermana, tiene una larga y oscura cabellera, pero no hay en ella la dulzura de la mayor, solo belleza y altivez.

Sigue el tercero y último, Jhon. Se parece más a su padre; es algo más menudo y de baja estatura.

—Padre, si me dejas gobernar, te prometo que mantendré unido tu reino y tu nombre nunca será borrado. Mandaré a esculpir tu figura; será tan inmensa que podrá verse desde cualquier distancia. Serás siempre alabado. Además, ten en cuenta que solo yo, que he sido tu mayor orgullo, seré quien mejor ocupe tu lugar. Desde siempre me he ocupado de liderar a la familia. No lo dudes, yo soy el mejor para hacerlo y tú lo sabes. He mantenido tu ejército unido y he conseguido que no haya uno más poderoso que el mío. Debes confiar tu imperio solo a mí. No hay nadie aquí más capacitado para hacerlo que yo —dice, mirando a su padre de manera retadora, sintiéndose seguro de ser él quien lo reemplace, desestimando a sus hermanas. Pero ni Albert ni Bala se inmutan con ninguna de las tres intervenciones.

Albert sabe que Bala no acepta a ninguno y tampoco quiere exponerlos a una prueba con ella. Tendrá que admitir su primera derrota y no será como rey, sino como padre.

Después de un largo silencio, se pone de pie con dificultad. Más bien parece ser que su túnica de plasma es quien lo levanta, y no él mismo.

Da unos pasos al frente, despacio y con dificultad, y mirando a Grondo, su trono, les invita a pasar y a ocupar su lugar. Albert sabe que ganar afuera no es meritorio: es consciente de que afuera no son ellos los que ganan, sino que es Miedo la única vencedora, la enviada por Bala. Entonces, la verdadera prueba es, no solo atreverse a entrar allí, sino que, además, Grondo y Bala aceptaran.

A pesar de la ansiedad de poder, ninguno de los tres da un paso adelante. Es más, Jhon da un paso hacia atrás. Daniel y Kareg se miran la una a la otra esperando que la hermana tuviera la iniciativa, pero saben que, de no ser aceptadas, el costo será alto, pues muchas veces han sido testigos de encuentros de Bala con algún desafortunado y conocen su crueldad. Saben que ella podría, si quisiera, desintegrar lo que fuera al instante. Sin embargo, le gusta jugar, se alimenta de la agonía y cuando quiere, tarda en darles un final, ya que se deleita con los gritos agónicos de sus víctimas. Lo que más ansían los tres es ser reyes, pero no entregarían su vida intentándolo. Daniel camina hacia adelante primero, aunque vacilante. Se detiene frente al cristal y posa sus manos sobre él. Está temblorosa, esperando la reacción de Bala. Sin dar tiempo a nada, la túnica de plasma se abalanza violentamente sobre ella: de no ser por la fuerte barrera que se templó, dejando huella del choque, seguramente la hubiera incinerado.

Kareg se estremece cayendo hacia atrás sobre el suelo, mientras que Daniel se mantiene valiente frente a la bestia.

Jhon empuña sus manos, y dando un grito se abalanza sobre el cristal retando a su padre y a los demás. Golpea la barrera fuertemente, como si él mismo quisiera romperlo.

Entonces Ambición, Miedo y Orgullo se dejan ver al mismo tiempo allí dentro, al lado de Albert. Sonrientes, con sus ojos oscuros y tenebrosos, no miran a Daniel ni a Kareg ni a Jhon: sus oscuras miradas están sobre Malkú.

Albert abre muy grande sus ojos, Bala no tolera este desafío. El rey trata de detenerla, pero ella se escapa de sus manos, dejándolo desnudo por completo por primera vez, y dejando ver su cuerpo envejecido. Bala se abalanza con tal fuerza y poder que el cristal explota, lanzando miles de trozos que se incrustan en todo cuanto hay alrededor. Los hijos de Albert salen seriamente dañados, pero Bala al salir no los toca. Pasa sobre ellos ignorándolos y se dirige hasta Malkú. Iraya Kuku, previniendo lo que ocurriría, lo lleva lejos de allí en un segundo. Se dirige al único lugar del universo para el que no necesita ni coordenadas ni llamado alguno para llegar en un instante.

Caen a tal velocidad que dan volteretas un largo rato hasta estrellarse contra el guayacán amarillo que Malkú había sembrado antes de partir cuando era un jovencito. Al golpe, las hojas y flores que aún quedaban en el árbol también caen, dejando un hermoso tapete de flores amarillas sobre todo el jardín y sobre el techo de la casa.

Cuando se incorporan no reconocen el lugar: ese árbol es ahora muy alto, ha pasado mucho tiempo allí desde que han partido. El jardín se ha transformado por completo y la casa está algo distinta también. Dan es ahora una mujercita, Bert ha envejecido tanto que está volviendo a ser niño otra vez. Canel se ha ido a vivir lejos, pues ha encontrado el amor. Los padres de Malkú se están haciendo mayores y todos los demás se han ido. La casa sigue fría, a pesar de los nuevos colores. Aunque tiene reformas, Tristeza la ronda aún y no parece tener planes de irse. Es ella la primera en sentirlos cuando llegan. Iraya Kuku, al verla, la abofetea tan fuerte que la bestia no queda con ganas de enfrentarla y la deja pasar mirándola sonriente y burlona. Se queda en silencio y con algo de respeto, después de todo parece ser una bestia amansada. El gran árbol de caucho ya no está: es lo primero que Malkú nota. También se da cuenta de que los demás demonios inferiores ya no están, solo tristeza permanece.

Entra corriendo a la casa para abrazar a su madre y lo hace sin que ella se dé cuenta. La siente calientita y sonríe. Iraya Kuku va hasta Bert, que se encuentra dormido frente a la televisión encendida. La bruja ya no está, y eso la alegra. Ella había amado sus hijos, pero el amor y la necesidad que había sentido por este hombre la había superado. Ahora sabe que hubiera sido mejor haberse marchado, haberlo dejado, ya que él nunca había querido hacerlo. Ella no había tenido el valor, pero tal vez así todo hubiera sido mejor: él hubiera sido libre. Seguramente habría sucumbido a la bruja, pero esa habría sido su paga por su debilidad. De esa manera ella se habría concentrado en sus hijos y quizás los hubiera guiado mejor, los hubiera cuidado más y ella hubiera sido más fuerte y feliz también.

Posa su mano sobre el hombro de Bert y le dice con amor verdadero, del que suelta, no de él que ata:

—Pronto partirás también. Si algún recuerdo de tu amor queda, allí estaré, si no desde ahora te dejo libre, amor mío.

Él se despierta y sus ojos verdes miran asustados, como si la hubiera sentido y la recuerda, como hacía mucho tiempo no hacía.

Iraya Kuku luego busca a su hija, la madre de Malkú, y la encuentra en la cocina, entre aromas. Percibe su dolor, lo siente con solo acercarse, y se da cuenta de que se ha vuelto agonía. Le agradece por cuidar a Bert y a Dan, le da un beso de madre en la frente, aunque ella no lo siente. Además, le dice:

—Tu Malkú ahora está conmigo, hija, no te angusties por él. Si supieras quién es, lo que significa para el universo ya no estarías triste, estarías tan orgullosa. Yo parí mortales, pero tú pariste un Dios.

Y está diciendo esto cuando, sobre ella, cae desde el cielo Mati Muy, exaltado y humeando su cola chamuscada.

—Me ha seguido, está fuera de control, ya viene —advierte, aterrado, casi sin poder hablar.

Entonces se da cuenta de que, si no salen urgentemente de allí, Bala los alcanzará, y no sabe qué podría hacer en aquel lugar. Busca a Malkú a toda prisa y lo encuentra al lado de su abuelo de la tierra a quien mira en silencio, con pesar. Antes que Malkú le dijera a su abuelo lo que estaba a punto de decirle, Iraya Kuku lo toma de su brazo y lo jala bruscamente. Juntos se elevan hasta el cielo buscando a Bala, para desviar su trayectoria y evitar que dañe la familia de Malkú. Salen tan a prisa como entran y nadie se da cuenta, lo que extrañó a Malkú que ya se había acostumbrado a tener que batirse con demonios inferiores al salir siempre de allí, cada vez que regresaba a la Tierra.

Huyen lo más lejos que pueden, lejos del mundo azul, y como no pueden sentirla, la buscan desesperadamente. A lo lejos ven como una luz púrpura gigante se apodera de un mundo al que en segundos después de entrar en él lo ven estallar en millones de pequeños pedazos. Es ella la que los ha encontrado, quiere llamar su atención y lo ha conseguido. Ahora ella se exhibe frente a ellos amenazándolos, sabe que apoderarse de la conciencia de Malkú no es lo mismo que haber tomado la conciencia de Albert.

Ellos deben guiarla de nuevo hasta el mundo de Albert o enfrentarla allí lejos de todo, en la nada del universo, donde cause el menor daño posible.

La condenada es bonita de ver: multiplica su tamaño al acercarse hacia ellos, forma rayos que chocan entre si produciendo una luz que los hace temblar. Cambia de forma rápidamente y se esparce o se compacta, haciendo una demostración de poder que produce una onda expansiva que los estremece y les arroja desechos del estallido de aquel mundo que acaban de ver.

Mati Muy huye. No está dispuesto a enfrentarla, ya se ha dado cuenta de lo que es capaz de hacer si no eres de su agrado. Cuando Iraya Kuku y Malkú salen del mundo de Albert, él no los sigue; en cambio, aprovecha la oportunidad para sentarse sobre Grondo, el extraño trono.

Grondo lo atrapa. No le permite escapar mientras Bala regresa tras perder en segundos a Malkú. Al encontrar a la serpiente tomando el lugar del rey, la ataca, quemando por completo su cola. Cuando está a punto de quemarla toda, Grondo la suelta y le permite escapar, como si ambos jugaran a la tortura con Mati Muy.

Ahora, solos, Malkú e Iraya Kuku no tienen otra opción que defenderse. Bala los ataca de frente, lanzándose sobre ellos. Iraya Kuku se convierte en humo, esquivando el golpe, pero aun así siente la elevadísima temperatura.

Malkú activa su escudo y brilla con toda su intensidad, intentando contrarrestar la luz de Bala. Pero ella no es solo luz, es un ser obsesivo que no se detiene hasta controlar todo lo que desea. Y ahora, se ha obsesionado con secuestrar la mente de Malkú.

A toda velocidad, huyen hasta un agujero negro, intentando que Bala quede atrapada allí. Pero justo antes de llegar al horizonte de sucesos, ella los adelanta y se interpone entre ellos. Entonces, Malkú ve el rostro del Oscuro a través del plasma, y Bala toma la forma de la furia y chilla.

El terror de Malkú se transforma en odio. Ese odio que siente por el Oscuro cada vez que lo ve lo llena de coraje. Se lanza sobre Bala, olvidando su poder, y se encuentra con una pared de fuego que intenta consumirlo. Es arrojado al vacío del universo en su estado más puro, pero también en su forma más vulnerable.

El gran danés blanco sale disparado a toda velocidad, incapaz de detener su caída. Está gravemente herido, y el dolor le impide dominarse y cambiar de forma para recuperarse en la lucha. Iraya Kuku lo alcanza antes de perderlo en la inmensidad oscura del universo. Lo toma y lo lleva hasta un mundo cercano, dejándolo a salvo, aún con su forma de perro.

Ella regresa hasta Bala, que sigue demostrando su poder, destruyendo todo a su paso. Explosiones tras explosiones forman una nova de muchos colores, donde Bala se oculta mientras Iraya Kuku la busca, aterrada pero decidida a enfrentarla. No sabe mucho de este ser, solo lo que ha visto. Mientras intenta idear un plan para destruirla, implora ayuda a la Madre de los Mundos.

Entonces, Mati Muy se acerca a ella y le susurra al oído:

—Tú eres gas.

Y desaparece de nuevo, como es su costumbre cuando más se le necesita.

—¿Qué? —murmura Iraya Kuku para sí misma, sin entender.

Se detiene, tratando de seguir la huella de Bala, pero recuerda a Malkú y el estado vulnerable en que lo ha dejado. Se reprocha a sí misma haberlo abandonado, sabiendo que Bala lo busca a él. Regresa de inmediato y, al llegar, lo encuentra.

Ahí está Malkú, rodeado por Bala. Ha recuperado su forma humana, pero las marcas de ella siguen en su cuerpo. Pedazos de piel caen debido a las quemaduras, sus piernas están cubiertas de ampollas y su rostro tiene puntos de fuego. Sin embargo, él brilla, intentando contrarrestar el daño. Pero esto solo la alimenta.

Bala no se acerca del todo. Se da cuenta de que el cuerpo de Malkú es vulnerable a ella, y no quiere destruir a su nuevo huésped. Espera el momento en que su posesión se complete, en que sean uno solo. Así, lo consumirá en mente, pero no en materia. No lo dañará.

Poco a poco, lo envenena, enviándole pequeñas dosis de ella misma en su estado frío, infiltrándose a través de su cerebro. Cuando está a punto de entrar en él, Iraya Kuku aparece en escena. Sin pensar en las consecuencias de tocarla, se interpone entre Bala y Malkú.

Entonces, nota algo: Bala pierde la parte de su cuerpo que entra en contacto con ella. Bala, que ha tomado la forma humana de Malkú, retrocede. En ese instante, Iraya Kuku entiende las palabras de Mati Muy: "Gas."

Ella, Iraya Kuku, es un ser gaseoso. Y Bala, al ser plasma, solo puede ser dominada por el poder magnético que habita en el interior de Malkú. Si él abre su pecho y desata su campo magnético, o si logran alterar su estado convirtiéndola en gas, la apagarán. Esa es su oportunidad de matarla.

Pero Bala lo comprende y huye de inmediato hasta el mundo de Albert. Malkú e Iraya Kuku la siguen. Ahora, ella busca refugio, pero cuando llega, encuentra un ser inerte. Intenta incorporarlo, tratando de devolverle la vida, pero Albert ya no es más que un cadáver.

Iraya Kuku la atrapa mientras ella se esfuerza por revivir a Albert. Malkú, viendo que Bala se ha vuelto casi completamente gas, abre su pecho y la absorbe. Bala entra suavemente en él, tomando la forma de una espiral, resignada... o tal vez esperando que, desde adentro, pueda tomar control de él.

Malkú cierra su pecho con dificultad. La fuerza de absorción es cada vez mayor y más difícil de controlar.

Quienes están allí y observan solo ven una parte de lo sucedido. Saben que Albert ha muerto, que Bala ya no está, que convertida en espiral ha atravesado lo que parece un portal invisible... y nada más.

Jhon se sienta sobre Grondo, que lo recibe y lo atrapa, al igual que hizo antes. Detrás de él siguen Ambición, Miedo y Orgullo. Aunque los demás no pueden verlas, se reflejan en su mirada.

Ahora debe conquistar el único reino que falta para convertirse en el más poderoso.

Pero esta vez lo hará sin Bala. Y ya no será un secreto: ella no está. Ahora tendrá que luchar sin su respaldo.

Capítulo 21

Los últimos dos ángeles: Álex y Karl

En un día sin aventuras, Mati Muy comienza a decirles a sus compañeros:

—¿Por qué te enviaron al mundo azul, Malkú? Habiendo tantos mundos más evolucionados, ¿por qué allá? ¿No lo crees, Iraya Kuku? A mí no me agrada ese lugar... y eso que soy el dios del mal. Pero el nivel de maldad que hay allí me supera, de verdad se los digo —acota Mati Muy, mientras descansa sobre una roca, disfrutando del calor de una estrella cercana.

Malkú no hace caso a su provocación, pero sus palabras le traen recuerdos, y comienza a hablar:

—Fue un trágico accidente. Nunca lo olvidaré. Me afligí tanto... hasta envejecer pronto. Confiaba en mí como en nadie. Aunque yo no lo asesiné, en cierto modo, por egoísmo e irresponsabilidad, sí lo provoqué —dice, con la mirada perdida.

Mati Muy continúa sus elucubraciones:

—Por eso te enviaron allí, Malkú. Era tu última etapa. Definitivamente, si quieres poner a prueba a alguien, es el mejor sitio.

Malkú continúa, absorto:

—El pequeño niño murió trágicamente por mi culpa, en un accidente... por mis errores. Y años después, murió ahogado mi hermano menor, a quien tanto había esperado y amado, como pago una por otra.

267

En ese momento Mati Muy presta atención:

—Continúa, Malkú… ¿Por qué dices que fue un pago?

Malkú hace una pausa, respira profundo y continúa:

—Tuve que llevarlo en mis brazos, inerte, frío… casi tanto como estaba mi alma por el dolor que sentía en ese momento. Y entonces lo entendí… ella me lo estaba devolviendo —dice, refiriéndose a la Madre de los Mundos—. Me estaba obligando a cargar la muerte sobre mí, castigándome, como solo ella sabe hacerlo. Me sentí tan impotente, tan infeliz… Fue la primera vez que sentí mi corazón encogerse por la tristeza. Habían pasado años, y la muerte regresó a mí con toda esa energía que había acumulado desde entonces, como queriéndose vengar de mí. Llegó feroz y me mostró su peor cara, con una partida agonizante y dolorosa. Pasé horas vomitando, como si expulsara toda esa vergüenza de aquella vez… Ahora, Dolor, gigante e imponente movía los hilos a su antojo. Yo mismo le había entregado el poder, creyendo que no regresaría a mí. Pero con el tiempo volvió… con ferocidad. Su crueldad me dejó devastado, pero yo sobreviví. No era yo quien debía morir primero… Era alguien a quien yo amara. Es ley. Se pagará el mismo valor… y un poco más. Ella es implacable —concluye.

Una lágrima rueda por su mejilla y brilla tanto como la misma estrella que los alumbra aquella tarde, en ese mundo donde descansan.

Malkú está transformándose por completo en el ser supremo. Sus cambios físicos se vuelven más evidentes; ahora, su piel comienza a brillar continuamente. Iraya Kuku lo sabe… llegará el momento en que ni ella podrá mirarlo sin sufrir daño, igual que ocurre con la Madre de los Mundos, quien siempre lleva su capa para no lastimar a quien la observe.

La confesión de Malkú es interrumpida por un grito lastimero que resuena desde una gran distancia. Los tres se miran, lo escuchan al mismo tiempo. Instintivamente, se incorporan e inician el viaje. Alguien está pidiendo su ayuda.

El lugar es lejano, pero el grito es tan agónico que se extiende por todo el universo.

Cuando llegan a una constelación cercana a Vulpecula, llamada Lyra, encuentran un pequeño mundo de donde proviene aquel desesperado llamado de auxilio.

En este árido mundo habitan seres diminutos con muchos ojos y múltiples patas. Son de color oscuro, excepto las crías, que son blancas y tienen un número menor de extremidades: solo dos patas en comparación con los adultos, que poseen más de diez.

Lo primero que ven es a estos extraños, pero aparentemente inofensivos seres, esparcidos por todo el lugar, moviéndose de un lado a otro sin rumbo aparente.

De repente, un pequeño y gracioso ángel de piel bronceada y alas azules aparece ante ellos. Tiene la apariencia de un niño pequeño y camina sobre estas criaturas sin aplastarlas; ellas simplemente retoman su forma al instante, como si fueran de espuma.

—Sean bienvenidos, soy Andrés K, ángel guardián de este mundo llamado Kurturtu, y ustedes deben ser enviados por la madre de los mundos. Es un honor.

—Alguien interrumpió mi descanso. Espero que sea una verdadera urgencia. Un dios como yo no se dedica a cosas mínimas —alardea, como de costumbre, Mati Muy.

Iraya Kuku le da un pequeño golpe en la cabeza, y Malkú y el ángel Andrés K ríen al mismo tiempo.

—No fui yo a quien escucharon, era un habitante de este mundo, pero ya se ha ido.

Lo dice con absoluta tristeza, haciendo un gesto de llorar, pero sin llegar a hacerlo.

—¿Hemos llegado tarde para ayudarlo? —pregunta angustiada Iraya Kuku.

El ángel tiene ojos pequeños y oscuros, su inocencia se refleja en ellos, al igual que en su aspecto de pequeño niño. Su piel era bronceada, con cachetitos de bebé y una pequeña y acorazonada boquita.

—En realidad, se escuchan gritos de ayuda de vez en cuando. A mi mundo ha llegado un demonio cruel que tortura y asesina todo lo que tiene vida y se pone a su alcance. Es macabro, nunca vi algo igual. Si no es atrapado, dejará este mundo sin habitantes. Y lo peor es la manera cruel en que lo hace. Esa será su misión aquí: atraparlo o destruirlo.

Y, diciendo esto, sin dar más explicaciones, Andrés K se eleva y se pierde en el infinito, dejando el recuerdo de una sonrisa ingenua y celestial, pero al mismo tiempo, un silencio triste.

Malkú e Iraya Kuku sienten cómo una sensación lúgubre y demoníaca los recorre como un viento helado.

Se miran, pero no dicen nada. Mati Muy también lo sintió, pero él sí habla.

—Sé de quién se trata, les ahorraré el trabajo de descubrirlo. Hace mucho no lo sentía: se llama Perversidad —concluye mientras los mira como retándolos, sonriente.

Entonces, escuchan otro grito, un lamento. Malkú recuerda los sonidos del abismo, ya que se parecen.

Se apresuran a encontrarlo, y no tardan mucho. A lo lejos, dentro de un bosque de árboles muertos, pueden ver a un ser alado de alas negras. Es muy grande, pero de figura esquelética y demacrada, con una sonrisa siniestra en su feo rostro. Está elevado, casi a la altura de las copas secas de los árboles. Los siente, pero los ignora; su atención está puesta en un hermoso ser al que le han atravesado una estaca por su cuerpo.

El animal ya no gime, pero aún su cuerpo se mueve. Un líquido color azul y viscoso, casi transparente, sale de su cuerpo como si fuera su sangre. Malkú se siente mareado, Iraya Kuku se lleva las manos a la boca para no gritar. Incluso Mati Muy mira aquello con sus ojos desorbitados.

Al instante, el cruel ángel desaparece.

—¡Ayúdalo, Malkú, por favor! —dice Iraya Kuku entre sollozos, pero sin atreverse a mirar más esa horrible escena.

Malkú se acerca lentamente. El animal lo mira con la mirada más lastimera que jamás Malkú hubiera visto. Sin pensarlo más, levanta su mano sobre él y lo mata, terminando su agonía. Después, Malkú hace un gesto como si fuera a vomitar, se deja caer y se desmaya.

Iraya Kuku trata de levantarlo, pero se da cuenta de que su ser superior o su conciencia no están allí. Malkú aún regresa al mundo azul cada vez que un sentimiento lo supera, así que, dejando al desafortunado animal ya muerto, también busca el mundo azul en su ser. Ella ahora debe ir por Malkú y traerlo de regreso. Ese horrible y depravado ser debe ser aniquilado cuanto antes.

Viaja lo más rápido que puede. Ahora viaja a la velocidad de la luz, cruzando el universo hasta llegar a la Vía

Láctea. Luego se detiene por un instante cuando la ve: esa esfera azul aún tiene algo que la ata. Aunque es libre en los universos, su corazón sabe que es amada y recordada allí, y eso la supera a veces. Aunque no lo dice a Malkú, eso la hace sentir infeliz, porque aún piensa que los ha defraudado. Esa culpa le pesa aún en su nueva etapa. Aprieta las manos y cierra la boca, y continúa hasta encontrarlo.

Malkú está buscando a su madre, como siempre lo hacía. Él también está atado: el dolor que su madre no lograba superar a pesar de los años, lo mantiene sujetado. Aunque Malkú ha salido primero, llegan al mismo tiempo. Cruzan juntos el portal, donde no encuentran resistencia de algún demonio, como solía pasar antes. Llegan despacio. Él mira a Iraya Kuky, sabe que ha llegado por él.

—Espera un poco, Iraya Kuku, tal vez sea la última vez que regrese. Tengo que verla, decirle que estoy bien.

Ella toma su mano y le dice:

—Pero ella no te escuchará, no puede hacerlo. Ya quisiera yo decirles tanto que callé, pero no me escucharán. Es imposible.

—Para mí, ya no hay nada imposible.

La suelta bruscamente y sigue adelante. Está oscuro, es de noche allí. Bert está inquieto; ahora se revuelve en la cama como un chiquillo que usa pañal. Ve en su mente cosas que no debería ver, y eso lo hace delirar, lo perturba. La bruja se ha marchado, pero el daño ya está hecho.

Lo observan y sienten lástima por él. Ya está viejo. Su cuerpo sigue siendo fuerte a pesar de su edad, eso lo mantiene con vida, pero su mente está cada vez más perdida. En el cuarto de al lado, Dan duerme. Ya es una jovencita hermosa, rubia. Parece que ha superado su traumática primera infancia. Es dulce e increíblemente inteligente. A Malkú le agrada que ella ocupe su lugar. También nota el parecido físico entre ambos. Sonríe y le dice a Iraya Kuku:

—Ahora entiendo por qué se nos prohíbe regresar al pasado, Iraya. Finalmente, todo pasará, aunque lo intentemos arreglar mil veces. Mil veces pasará. Dos más dos siempre será cuatro, y el resultado nunca se podrá alterar.

Se miran con dulzura y salen del cuarto.

Malkú aprovecha para ver a su amada hermana. Entra en sus sueños y le recuerda cuando eran niños y jugaban: él, tan rubio y ágil; ella, tan astuta y pequeña. Eran un dúo perfecto.

—Siempre lo seremos —le dice mientras le sonríe y toma su pequeña mano de niña de cuatro años. Él, con seis, también le muestra el sol brillar.

Finalmente, pasa al cuarto de sus padres. Se sienta al lado de su padre, lo mira y le dice:

—Gracias... pero ahora hazlo mucho mejor. Sé que te esfuerzas y lo agradezco. Cuídalas mucho.

Luego se acerca a su madre y no puede evitarlo. Llora, y llora sin parar, como si se desahogara. Cuando por fin consigue calmarse, toma su mano y susurra:

—¿Sabes, madre mía, que has sido la mejor madre de todas mis vidas? Lo estoy recordando todo, ahora lo sé.

Ninguna de mis vidas me hace regresar como tú lo haces. Estábamos hechos a la medida justa. Eras tan perfecta para mí... Por eso me enviaron contigo. Estás algo loca, como yo. Fui muy feliz a tu lado. Iraya Kuku dice que soy hijo de la Madre de los Mundos, pero yo creo que soy más tuyo que de ella, y me gusta. No sabes cómo disfruté siendo tu hijo. Nunca podré olvidarte. Gracias infinitas, mamá.

—Vámonos —le dice Iraya Kuku.

Sin embargo, él entra en sus sueños y, siendo un niño de nuevo, se deja acunar una vez más por ella.

Después salen, dejándolos completar su vida allí, acompañados de Valentía, Bondad, Confianza y Amor, que con el brillo de sus alas los iluminan y los cuidan. Al salir, ven a Tristeza escondiéndose cobardemente, pero la ignoran. La observan perder sus fuerzas.

Ese día Iraya Kuku aprende a entrar en sus vidas a través de sus sueños también, y a partir de allí nunca dejará de visitar a sus amados hijos.

Se aleja tranquila y orgullosa, sabiendo que después de haber visto la verdadera maldad de los mundos, sus hijos siguen siendo buenos. A veces son ingenuos pero fuertes en un mundo de gente astuta en maldad, esos son sus amados hijos, y eso le encanta. Sonríe.

Ahora también ha encontrado de nuevo a Tico, su pequeño rebelde, y a la bella Amanecer. La Madre de los Mundos los ha guardado para que, cuando ella parta de allí, puedan encontrarse de nuevo.

Desde la distancia, vuelven la mirada y observan ese pequeño círculo azul que flota en medio de la oscuridad y que guarda lo que más aman.

Cuando regresan a aquel triste mundo, los recibe Mati Muy, que aún se halla cerca del martirizado animal.

Mati sale a su encuentro tratando de ocultar la huella del líquido azul viscoso que se escurre por fuera de su boca.

—No sé hasta cuándo seguirán yendo a ese aburrido lugar. Allí queda poco que ver. Esto está mucho mejor.

Mati Muy habla como en un éxtasis que lo hace parecer demente, y además parece ebrio.

—Qué asco. Mira que te he conocido muchas facetas, pero esta, Mati Muy, es la peor —dice Iraya Kuku, indignada y furiosa, antes de abalanzarse sobre él, tratando de ahorcarlo.

La serpiente está completamente enajenada, tanto que no se defiende. Malkú tampoco interviene por él. Aquella escena también lo ha colmado; nunca esperó esto de alguien a quien ahora considera su amigo.

Iraya Kuku, fuera de sí, lo sujeta con tanta fuerza que Mati Muy pierde el conocimiento y se escurre de entre sus manos, sin conocimiento.

Malkú intenta calmarla, pero ella se escapa de sus manos, haciéndose aire. No cede, hasta que Malkú le grita:

—¡Mírala, detente, la has invocado!

Entonces la ve. Allí está Ira, con su mirada desafiante y sus enormes alas, tomando el cuerpo inerte de Mati Muy con una de sus manos. La serpiente parece pequeña al lado de la maligna bestia.

Iraya Kuku rompe en llanto, arrepentida. También había aprendido a tolerar a aquel semidiós, que se había vuelto parte imprescindible de su trío de viajeros.

Mati Muy está muerto. Iraya Kuku por fin lo ha vencido, pero al precio de arrepentirse y de sentir el dolor de su propia victoria.

Mientras tanto, una bestia peor sigue suelta. La más repugnante que han encontrado en todos los mundos visitados. Ira se eleva sonriente, llevándose a la criatura, sosteniéndola de la cola. Malkú siente su corazón encogerse al verla alejarse en aquel extraño mundo.

No dicen nada. No la mencionan más. En silencio, como si hubieran perdido en vez de ganar, salen en busca de Perversidad.

No tardan en escuchar un chillido gélido que les oprime el corazón hasta causarles dolor. Saben que algo terrible está ocurriendo. Algo que ni siquiera quieren mirar. Deben detenerlo cuanto antes.

A toda prisa siguen el rastro y encuentran no a una, sino a varias criaturas que han sido torturadas hasta morir en agonía. La escena es insoportable. Tanta depravación es más que imperdonable.

Malkú no quiere invocar más seres malignos. Estos dos encuentros en tan poco tiempo ya han sido demasiado. Además, la muerte de Mati Muy lo ha dejado perplejo.

Iraya Kuku está devastada. Se siente abrumada y avanza como un zombi.

Al final de un siniestro y estrecho sendero, la encuentran. Perversidad. Tan fea, tan escuálida, tan asquerosa que solo verla provoca asco.

Tiene en sus manos a su próxima víctima inocente. Es una criatura pequeña, de pelaje gris, con orejas caídas y ojos llenos de inocencia.

La bestia la acaricia con una mano mientras con la otra sostiene una afilada estaca.

El pequeño animalito está entre temeroso y resignado a su destino. Perversidad lo ha torturado por un largo tiempo sin llegar a matarlo.

Cuando se percata de la presencia de Malkú e Iraya Kuku, finge no verlos. Luego, batiendo sus alas, aprieta con fuerza el pequeño cuello de su víctima, pero sin matarlo. Es tal la furia de Malkú, que se abalanza sobre ella. Cae sobre la bestia tomándola a puñetazos. Los golpes físicos, y otros producidos por estallidos de energía que se vuelven electricidad en las manos de Malkú, lanzan a la bestia fuera de ese mundo. Pero Malkú lo alcanza mientras este trataba de huir y lo devuelve hasta donde había iniciado la desigual pelea.

Malkú, con su poder, se enfrenta a la bestia. Perversidad, que no es más que maldad pura, no posee fuerza ni poder alguno.

Después de mucho golpearla, la criatura cae casi inerte sobre el suelo. Sus alas están desplomadas, su boca abierta, dejando ver una profunda oscuridad en su interior.

Malkú se para a su lado, con sus alas levantadas y brillando intensamente. Pone un pie sobre el pecho de la bestia, listo para aplastarla. Pero entonces, una fría mano se posa sobre su hombro. Desde atrás, una voz le susurra:

—No lo dañes más. Es mi favorito. Me divierte. ¿Quieres quitármelo? Tendrás que vencerme a mí primero.

Malkú sale de inmediato del trance en el que estaba sumido. Se hiela. Es el Oscuro quien le habla.

Iraya Kuku, con el pequeño y aturdido animalito en sus manos, lo protege instintivamente, pero se queda paralizada.

Malkú gira la cabeza y lo ve. Está justo detrás de él, sonriendo como siempre, pálido y siniestro. Antes de que Malkú pueda reaccionar, el Oscuro le asesta un golpe brutal en el estómago.

Malkú sale disparado fuera de la órbita de ese mundo. Y entonces, lo mismo que él le hizo a Perversidad, el Oscuro se lo hace a él.

No le da tiempo de reaccionar entre los golpes. Lo lanza lejos y, cuando está fuera, lo arrastra de regreso solo para volver a golpearlo. Una y otra vez. La furia revolotea cerca, chillando, invocando la noche oscura. Ni Iraya Kuku ni Malkú pueden detenerlo. El Oscuro está decidido a matarlo, su ataque no cesa.

Mientras tanto, en el reino de la Madre de los Mundos, algo terrible está ocurriendo.

Mientras Malkú es derrotado, la Madre de los Mundos comienza a perder su brillo. Su partida se hace evidente. El cielo se derrumba. Los ángeles huyen despavoridos. Los universos mismos parecen estar a punto de implosionar.

La noche oscura, lúgubre y siniestra, alcanza mundos distantes, desolándolos. La Furia chilla de forma ensordecedora. Iraya Kuku no es nada contra el poder del Oscuro, y Malkú, el único que podría enfrentarlo, está a punto de perecer.

Los dioses de los mundos que intentan desafiarlo caen antes siquiera de llegar a auxiliar a Malkú. La Noche Eterna los devora violentamente.

En las lejanías del universo, ocurren catástrofes de muerte, como si toda la maldad y el dolor se sincronizaran en una danza macabra de sangre y destrucción.

Mientras Malkú se consume en su derrota, su ser viaja a través de todas sus vidas anteriores. Desde el instante de su creación hasta este momento de humillación absoluta. En apenas unos segundos, revive cientos de vidas a la vez: nacimientos, risas, enfermedades, amores, derrotas, victorias y muertes.

El Oscuro, embriagado por el delirio de su victoria más anhelada, no se percata de lo que está ocurriendo dentro de Malkú. En su ser supremo, Malkú está tocando el instante de su último nacimiento en el mundo azul. Y ese mundo posee una magia que el Oscuro ha ignorado por completo.

El amor que sostiene la existencia de Malkú en ese mundo sigue intacto, más poderoso que nunca. Cuando Malkú recorre esa vida, no solo recoge ese fragmento de tiempo en su existencia… sino que recoge la acumulación del ser más grande que jamás ha existido: Amor.

El cuerpo abatido de Malkú, de pronto, brilla con la misma intensidad que la Madre de los Mundos, y ni siquiera el Oscuro puede sostenerle la mirada. La Noche Eterna, que avanza inexorablemente hacia Iraya Kuku, retrocede al instante como si una fuerza invisible la repeliera. La Furia deja de chillar y se queda inmóvil, como un animal indefenso que finge desaparecer ante su depredador, aunque su presencia sea evidente. El Oscuro, ciego por el resplandor, se lleva las manos a los ojos, herido y desorientado.

Malkú no entiende lo que está ocurriendo; su único poder en ese momento es el brillo que emana de su propio ser. Pero cuando ve a Iraya Kuku encogida, al Oscuro retorciéndose de dolor, a la Noche Eterna huyendo despavorida y al pequeño ser que han rescatado paralizado por la luz, comprende que el momento ha llegado. Sin dudarlo, se lanza hacia el reino de la Madre de los Mundos, cruzando el cielo sin siquiera tocar la gran puerta.

Al llegar, encuentra su capa vacía. Ella ya no está. Malkú la toma y cubre su propio resplandor con ella, pues incluso los ángeles que quedan en el cielo se cubren los ojos a su paso, incapaces de soportar su luz.

El primero en acercarse es Tico. Avanza lentamente, primero se arrodilla ante él y luego, con lágrimas en los ojos, se levanta y habla entre sollozos:

—Ha partido... Ya no escucharé más su hermosa voz. Ahora, los universos están bajo tu mando, mi señor —le informa y, con reverencia, vuelve a inclinarse ante él.

Malkú habla, y su voz ha cambiado. Ahora su tono resuena como la naturaleza misma: sublime, poderosa, capaz de estremecer hasta el alma. Con la serenidad que proviene del conocimiento profundo, dice:

—Restaura lo que se ha dañado. Tú quedas al mando de este lugar. Yo soy un guerrero y, como tal, seguiré mi camino por los mundos. Ahora soy libre. Si me necesitas, tan solo llámame, y estaré.

Se detiene un momento, y aunque sabe que hay más que hacer, regresa por Iraya Kuku y por el Oscuro también. Pero cuando llega, solo encuentra a Iraya Kuku. Ni la Furia, ni el Oscuro, ni Perversidad están ya presentes.

—Ahora puedes destruirlo. Vamos por él, Malkú —dice Iraya, llena de determinación.

Sin embargo, Malkú no desea hacerlo. Ahora que lo sabe todo, y que lo entiende todo, se da cuenta de algo importante: al deshacerse del Oscuro, éste se convertiría en parte de él, y no lo quiere. Él sabe que el ser supremo de los universos es, en esencia, tanto el bien como el mal. No desea llevar dentro de sí la esencia de alguien a quien odia.

Desde ese momento, Malkú sigue habitando los mundos, en todos los lugares que elige, como siempre lo había deseado. A partir de entonces, la capa de su madre, esa que había llevado con tanto amor y que había sido testigo de su viaje, la entrega a los ángeles del cielo, para que la custodien, sabiendo que ya no la necesita.

Malkú elige su propia protección: una armadura blanca, inefable, que lo cubre completamente. Le da un aspecto futurista que le fascina, permitiéndole moverse con total libertad, lo que le permite seguir viajando, pero ahora en un cuerpo que ha elegido para sí mismo: el de su última vida, el cuerpo perfecto de un chico llamado Cristhian, el que tanto le había gustado habitar.

Iraya Kuku, reluciente y expectante, sigue a su lado, orgullosa de acompañar al ser supremo. Y Mati Muy, con sus colores vibrantes, ha sido devuelto por orden de Malkú desde el abismo al que había sido enviado, ahora formando parte de este nuevo orden.

La armadura de Malkú tiene dos hilos de plata que se extienden desde sus omóplatos, justo donde comienzan sus alas, y conectan a Malkú con Mati Muy e Iraya Kuku. Juntos, los tres forman un ser supremo, y este es el último paso para que Malkú se convierta en el amo de los universos. Ahora, Malkú es un dios absoluto, conectado tanto al bien como al mal.

Y una noche, mientras visita el mundo azul, la ve observar la luna y la escucha decir, con un evidente nudo en la garganta:

—Ahora no me hace falta un lugar donde recordarte, ahora te evocaré siempre en mi corazón.

europa ediciones